## 图说名人

《图说名人》编委会 编著

# 拜伦

## 风流勇士

Bailun
Fengliu Yongshi

南海出版公司

图书在版编目（CIP）数据

风流勇士——拜伦 /《图说名人》编委会编著. --海口：南海出版公司，2015.9（2022.3重印）
　ISBN 978-7-5442-7940-6

　Ⅰ. ①风… Ⅱ. ①图… Ⅲ. ①拜伦，G.G.（1788~1824）-传记 Ⅳ. ①K835.615.6

中国版本图书馆CIP数据核字（2015）第204811号

FENGLIU YONGSHI——BAILUN

## 风流勇士——拜伦

| | |
|---|---|
| 编　著 | 《图说名人》编委会 |
| 责任编辑 | 张爱国　冰落 |
| 出版发行 | 南海出版公司　电话：（0898）66568511（出版） |
| | （0898）65350227（发行） |
| 社　址 | 海南省海口市海秀中路51号星华大厦五楼　邮编：570206 |
| 电子信箱 | nhpublishing@163.com |
| 经　销 | 新华书店 |
| 印　刷 | 永清县晔盛亚胶印有限公司 |
| 开　本 | 787毫米×1092毫米　1/16 |
| 印　张 | 7 |
| 字　数 | 80千 |
| 版　次 | 2015年12月第1版　2022年3月第2次印刷 |
| 书　号 | ISBN 978-7-5442-7940-6 |
| 定　价 | 36.00元 |

南海版图书　版权所有　盗版必究

# 前言 TUSHUOMINGREN

乔治·戈登·拜伦（George Gordon Byron，1788—1824）于1788年1月22日出生在英国一个破落的贵族家庭。拜伦生于伦敦，长于苏格兰，十岁时承袭了男爵的称号。

拜伦从学生时代开始写诗。在剑桥大学就读期间，他便发表了诗集《闲暇的时刻》（1807）。面对某些评论的围攻，他以长诗《英国诗人和苏格兰评论家》（1809）作为反击。这首长诗讽刺了文坛的权威，批评了湖畔派诗人，同时强调了文学的社会内容和诗人的社会责任，在文坛上产生了很大的影响。成年后，适逢欧洲各国民族、民主革命兴起的时代，他反对专制压迫，支持人民革命。二十岁时，出国游历，先后去了许多国家。1811年回到英国。这次旅行使他大开眼界，他看到西班牙人民抗击拿破仑侵略军的壮烈景象和希腊人民在土耳其奴役下的痛苦生活。

此后，拜伦又写了《异教徒》《阿比托斯的新娘》和《海盗》（1814）等六部长篇叙事诗，总称为"东方叙事诗"。作品以东欧、西亚一带为背景，充满异国浪漫情调。诗歌中还塑造了一系列高标独举、孤行傲世、富有叛逆精神的主人公形象。他们是海盗、异教徒、造反者、无家可归者等，都具有出众的才干、坚强的意志、反叛的精神，敢于蔑视传统秩序和专制暴政，但是他们的反抗总是和孤独、忧郁结合在一起，乃至傲世独立，离群索居，并以悲剧而告终。最典型的形象是《海盗》中的康拉德。这一类形象被称作"拜伦式英雄"。

拜伦一生为民主、自由、民族解放的理想而斗争，而且致力于文学创作。他的作品具有重大的历史进步意义和极高的艺术价值，他未完成的长篇诗体小说《唐璜》，是一部气势宏伟、意境开阔、见解高超、艺术卓越的叙事长诗，在英国以至世界文学史上都是罕见的。

# 目录

##  初露锋芒

*1*

贵族家世 / 1

母子相依为命 / 4

年轻的爵爷 / 12

中学时代 / 15

剑桥的大学生 / 22

##  文学界新贵

*33*

向往东方 / 33

《哈洛王孙游记》 / 43

对东方人的看法 / 59

回到英国 / 63

盛名之累 / 66

## 站在文学的巅峰

再度踏上旅途 / 69
威尼斯之行 / 73
运河上的唐璜 / 76
比萨的文艺圈 / 80

## 荣誉之重

重返希腊 / 85
麦索隆基的救星 / 88
自由民主的战士 / 98

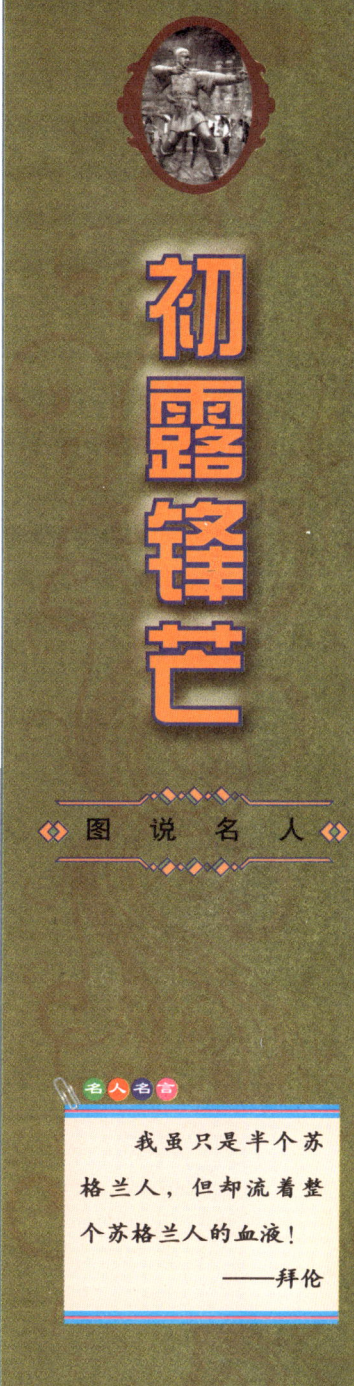

## 初露锋芒

图说名人

## 贵族家世

乔治·戈登·拜伦六世的父母系来自英国最富有浪漫色彩的贵族家庭。虽然，他跟别人提起过他的母亲是苏格兰王詹姆斯一世的后裔，但是，观其一斑，似乎他的父系祖先对他较具影响力。

在"征服者威廉"时代，拜伦家族可能是英国北方的大地主，不过，知名度不高。一直到祖先当中有一位叫约翰·拜伦的男爵，从亨利八世那里领受到一块风景优美，位于诺亭汉什尔，叫作纽斯德修道院的土地后，其声望才与日俱增。

约翰·拜伦的儿子，即人称"大胡子"的小约翰男爵，在1575年受女王伊丽莎白的册封而继承其父的爵位，他以供养大批闲人，挥霍无度而成为传奇性的人物。

拜伦的祖先中还有一位，也很出名。他因替查理一世作

※拜伦家族的贵族纹章

**名人名言**

我虽只是半个苏格兰人，但却流着整个苏格兰人的血液！

——拜伦

战而几乎失去纽斯德的家园。曾有人传说：他的妻子是查理二世的第十七号情妇，他因而"夫以妻贵"！

此外，拜伦的祖父和祖父的哥哥——威廉·拜伦五世也很有名。这位威廉·拜伦五世曾花了一大笔钱，在纽斯德盖了一座小城堡和两个小堡垒，专供他荒淫度日和玩战争游戏之用。

1765年，威廉·拜伦因为酒后与人争论玩游戏的方法，而把自己的亲人杀死，从此有"邪恶的拜伦男爵"之称。事后他虽然被贵族法庭宣判无罪开释，可是儿子却恰好在此时与一个家境贫寒的侄女私奔。于是，他在盛怒之下，把领地内所有的古老橡树砍伐一空，又杀死了森林里养的两千七百多只鹿，拿到市场去拍卖。

比起这位"邪恶的拜伦男爵"来，诗人拜伦的祖父要平易近人得多了。他从1740年，十七岁时起就开始当海军见习生，到1778年升到海军副总司令，他曾经历过无数次的海难、饥饿和艰险，而且在海上经常遭遇暴风雨的袭击，因此大家都叫他"坏天气杰克"。当然，这样的人也免不了有许多关于他的传言。但是在1786年他离开这个世界以前，他的长子约翰（人称"疯狂杰克"）就已经在和妇女谈情说爱、制造丑闻以及任意挥霍等方面"青出于蓝"了！这位老将军几乎气死，最后不得不把儿子的继承权取消。

这位约翰·拜伦即诗人拜伦的父亲，先是在西敏学校读书，后来又到法国的陆军学校去求学。大概因为在法国学到了一口标准的法语，能和当地的高级人士一起消遣，因而养成了浪费的习性，年纪轻轻就已经声名狼藉。他只在侍卫队服役了一段时间，就于1778年返回伦敦，去当他的花花大少了。同年，他和一位美丽而且拥有一份可观遗产的侯爵夫人私奔到法国，这样一来，这年轻人不但避免了流言的扩散，也躲开了穷追不舍的债主！

这位侯爵夫人一共替他生了三个孩子，但却只养活了一个女孩——奥古斯塔（诗人拜伦的同父异母的姐姐，生于1783年）。说来也奇怪，这位风流倜傥的约翰，居然很忠实地和这位侯爵夫人在巴黎共同生活了六年，直到1784年她逝世为止。

隔年春天，当他再度债台高筑时，他又精神抖擞地回到英国去碰运气了。

他屡次参加苏格兰、巴斯地区的舞会，总期望能碰到一位像侯爵夫人那样拥有丰厚资产的贵族名媛。最后，终于让他找到了一位双

风流勇士——拜伦

※拜伦出生于美丽的伦敦

十年华,相貌平庸,但却拥有23000英镑家财的凯塞琳·戈登小姐。

他的高雅谈吐和法式礼貌,很快地便赢得了这位少女的芳心。1785年5月13日,他娶了这位女财产继承人。

夏天还未过去,这位痴情的少女已经被他那挥金如土的习性吓坏了,然而,她仍旧倾其所有地供他花用。不到一年,戈登小姐的全部家财就被他耗费净尽,于是,约翰又不得不折返老家想办法。而戈登小姐为了纾解丈夫之围,只好出面恳求她的亲戚替她出售那仅有的家园。不过,所得的17850英镑,半数以上又都用在替她丈夫偿还紧急债务上了。

1787年,约翰为了躲避债主,再度潜逃到法国。当时,怀有身孕的戈登小姐,当然也紧跟着到了法国。这时的约翰已囊空如洗,自然乐意从她那里拿一点钱来花用。况且,他还可以把和侯爵夫人所生的女儿奥古斯塔交给她代管呢!

可怜的戈登小姐,不仅一句法语也不会说,还怀着身孕,可是她仍然对她的丈夫一往情深。她一直待到快要生产时,才带着那小女孩回到英国,把她交给她的祖母,自己则在伦敦找了一个地方住下来,等待临盆。

就在这样的环境下,我们这传记的主人翁——诗人拜伦,在1788年的1月22日(星期二)来到了这个世界。但不幸的是,他一生下来,右脚就有点畸形。虽然他的母亲寻遍了名医,也无法弥补这天生的生理缺陷。这缺陷为他带来了不少的痛苦,这很可能也是形成拜伦特殊性格的主要原因。

## 母子相依为命

**为**了生活,拜伦的母亲不得不恳求苏格兰的行政机关发放一点救急的零用金给她。她在写给爱丁堡代理人的一封信中提道:"我不敢要求太多!而且,即使给我太多,也会被我丈夫一下就用光!"

果然不出所料,约翰·拜伦一听说戈登小姐又有了收入,便立即回到英国。名义上是探望自己的儿子,实际上却是要向戈登小姐榨取那一点少得可怜的救济金。

※苏格兰美景

# 风流勇士——拜伦

依照英国的法律，债主不能向戈登小姐讨债。所以接连好几个月，约翰·拜伦都在和债主玩捉迷藏的游戏——当他需要用钱的时候，便冒险潜回英国，甜言蜜语地骗取戈登小姐的钱，然后返回法国享用。

1789年的夏天，拜伦的母亲带着这个取名乔治·戈登的儿子（因为命名时，父亲不在身边，所以她把自己父亲的名字冠给这小孩）离开了伦敦，回到苏格兰亚伯丁的娘家，企图利用仅有的150英镑和她的儿子平静地生活下去。

没多久，约翰·拜伦再度山穷水尽，不得不去投靠他的妻子，和她们在皇后街的一栋狭窄拥挤的小屋里住了下来。然而这位花花大少实在过不惯这种清苦、平淡的生活，当他从他的姐姐莱夫人那儿弄到一些钱后，就马上离开了拜伦母子，回到上流社会圈子里去混日子。

拜伦的母亲对丈夫真是又爱又恨。当他要钱的时候，她气得对他破口大骂，可是事情过后又死心塌地地爱着他。她对自己的儿子也是如此。

"我的母亲，"拜伦说，"当我顽皮得惹她发脾气时，常常说：'唉！你这畜生，简直和你爹是同一个模子刻出来的，一样可恨！'但是，过不了一会儿，她又会很懊悔地抱着我又疼又怜的。"

## 知识链接

### 苏格兰

苏格兰约有510万人口。第一大城市格拉斯哥，约有60万人口，是苏格兰的工业重镇；第二大城市为爱丁堡，约有50万人口，为苏格兰自治政府所在地，乃政治、经济、文化中心。苏格兰人性格粗犷、友好善良，他们较好地保存了传统文化，在民歌、音乐、服饰上至今还保留着自己的民族特点。风笛、格子裙、高尔夫和威士忌是苏格兰人的标志。

苏格兰的历史非常悠久。公元前10000年，苏格兰地区开始有人类居住，第一批居民从爱尔兰、英国、现在的北海而来。苏格兰当时被浓密的森林覆盖，很多湖泊河流将森林分为若干块，所以当时的苏格兰居民只能在沿海一带定居并以打猎为生。

到了新石器时代，随着制造工具技术的发展，苏格兰人开始向森林发起长期而持久的进攻，并最终将人类的足迹一点一点地延伸到了苏格兰内陆。

公元前2000年，青铜术传到了苏格兰。

公元前1000年，起源于中欧的凯尔特文明，逐渐影响到了苏格兰。从此苏格兰成了凯尔特文明的一个分支，现在仍被认为是六个现存的凯尔特国家之一。现在的苏格兰的传统文化大多起源于凯尔特文化。

公元前1世纪，强大的罗马帝国开始大举入侵大不列颠岛，并成功征服了英格兰人。苏格兰人虽然武器落后，跟罗马帝国的军队比起来简直就是一帮原始人，但凭借苏格兰复杂的地形和苏格兰人骁勇善战的传统，还是没有轻易被罗马军队征服。虽然最终罗马帝国的军队成功消灭了当时苏格兰的主要王国的军队，但罗马帝国的指挥官仍然决定不占领苏格兰，而是在苏格兰和英格兰的边界上修一条长城，这就是哈德良长城。

罗马帝国的入侵，给大不列颠岛带来了先进的文明。

※格子花纹是苏格兰一大特色

风流勇士——拜伦

后来罗马帝国分崩离析,军队也从大不列颠岛撤走。这引起了苏格兰的一段权力的真空,趁这个机会,一支从爱尔兰来的、同样属于凯尔特文化的部落到了苏格兰并定居下来;北欧的维京人开始入侵,占据了沿海一些小岛,并建立了自己的王国。直到现在苏格兰北部海边的一些地方,那里的人中北欧人多过苏格兰人,文化传统也相当北欧化。

公元9世纪,科伦斯·马克奥平继承了王位,随后将三个王国合并成一个统一的国家,名为奥巴王国,这就是后来的苏格兰王国。

这个王国持续了八百多年,直到17世纪,苏格兰国王詹姆斯六世同时继承英格兰王位,成为詹姆斯一世,并发布联合法案合并苏格兰和英格兰议会,苏格兰和英格兰放弃独立地位,而成为一个统一的大不列颠王国。事实上,直到今天,英国的王室仍然是科伦斯·马克奥平的后裔,虽然不是直系,因为历史上有过国王无后,所以只能选最近的亲属为继承人,而且历史上有多位女王(大多还比较出名),所以导致王朝改名换姓。现在的英国被称为温莎王朝,因为女王伊丽莎白二世的姓是温莎。女王丈夫的姓是蒙巴顿,本来是希腊王储,后来放弃了继承权,跟女王结婚。婚后女王丈夫曾经要求将英国王朝改名蒙巴顿,但女王发布御令,只是将子女的姓氏改为蒙巴顿–温莎,保留温莎为王朝的名字。

※ 美丽的苏格兰外岛

约翰·拜伦最后一次出现在她们母子面前，是1790年的9月。为了让约翰·拜伦完成回到法国的心愿，拜伦的母亲只好从老祖母的养老金中拿出100英镑来给他，但是，从此以后，她们母子就再也没看见过他了。

1791年的8月2日，从法国传来约翰·拜伦已经自杀身亡的消息。他在遗嘱上指定他的儿子——乔治·戈登为财产继承人，以及债务和丧葬费的负责人。

这个消息经过证实后，差不多整条皇后街的人都听到了拜伦母亲的哭声。这时，拜伦才三岁，后来他在写给他朋友的信上说："我对我母亲还留有深刻的印象，而且，因为从小看到父母的情形，我从小就对婚姻产生了恐惧感！"

好不容易，拜伦的母亲才打起精神，用她微薄的一点收入，和她的儿子在当地人认为是高级的住宅区安顿下来。她牺牲了一切的享受，只想让自己的儿子得到最好的。可是，无论她如何委屈自己，以她的收入绝不可能送拜伦到一所贵族学校去，所以，拜伦只好在邻近的包尔斯先生所设的一所又小又吵，而且又脏的学校读书。

拜伦回忆他在亚伯丁时的生活说：

第一年，我在那所学校什么都没有学到，只会重复地背诵一句："神创造世人，我们要爱神！"不过，第二年学校换了一位比较好的老师，我才学到了一点东西，并开始读拉丁文。

诗人拜伦六岁的时候，一件意外的好事改变了他的命运。原来，"邪恶的拜伦男爵"的孙子，在科西嘉被炮弹炸死了，拜伦被指定为他的合法继承人。拜伦的母亲也因此可以在苏格兰的贵族亲友们面前抬起头来了，并开始教导拜伦恢复他贵族身份所应有的态度、礼仪。

这个时期的拜伦，在班级上虽然成绩平平，但却很喜爱读课外书籍，其中有一本土耳其历史是他最欣赏的。他说："它是我童年时期最喜欢读的一本书，或许是它使我的诗增加了一点东方的色彩。"除了历史外，他也喜欢读航海或冒险的故事，如《一千零一夜》和《堂吉诃德》这类的书。

拜伦刚过完十岁生日，突然传来一个消息——拜伦五世已经去世了。可是，这位刚成为拜伦六世的十岁小孩，却在得到消息的隔天，瞪大了眼睛问他的母亲："我和以前有什么不同的地方吗？我自己看了很久，也看不出自己当了贵族以后

# 风流勇士——拜伦

和以前有什么不一样!"最令他尴尬的事是学校里的老师把他找去,给了他一些酒和蛋糕,并且还在他毫无准备的情况下,向班级宣布他的新身份。禁不住众人的注视,这位新的爵爷居然大声哭起来了!

通过拜伦母亲代理人的调查:去世的爵爷所遗留下来的财产,清还债务以后,连埋葬费都成了问题。而且老爵爷死在5月,拜伦母子必须等到8月,才能离开苏格兰去英格兰领受他的男爵头衔。

当拜伦的母亲把全部家具以74英镑卖出去,凑足了去英格兰的旅费时,我们不太清楚这位小爵爷离开故乡的心情如何。不过,从他对一首苏格兰民谣忆往日的感想中,我们不难看出,拜伦在苏格兰的确有过一段快乐的童年时光。他写道:"我虽只是半个苏格兰人,但却流着整个苏格兰人的血液!"

## 知识链接

### 英国爵位

英国爵位分为公、侯、伯、子、男五等。

#### 公　爵

早在罗马帝国时期,欧洲大陆的公爵称号通常授予守疆拓土、军功卓著的高级指挥官,以后因重大政治变化而中断。几百年后,公爵爵位又见于德国。大约在公元970年,德国皇帝奥托一世初设公爵爵位。不久法国和欧洲大陆其他地区也建立了公国。在英国,公爵是仅次于国王和亲王的最高级贵族,与作为一国之主的欧洲大陆的"大公爵"(即大公)有所不同。英国公爵爵位出现很晚。1337年,爱德华三世把康沃尔郡升为公国,将公爵爵号授予年方七岁的"黑太子"爱德华。该王储十六岁参加百年战争,锋芒显露;1355年前往法国指挥作战,军功卓著。父王对他赏赐有加,使太子身兼多种称号,如1343年封为威尔士亲王,1362年加封为阿基坦公爵。为突出公爵特殊地位,以后多年除女王配偶和王子外,其他王亲均不许称王,最高可获公爵爵位。随后,爱德华三世及其继承人又先后建立了兰开斯特公国、克拉伦斯公国、约克公国和格洛斯特公国、赫里福德公国、贝特福德公国和萨默塞特公国等。这些公国的领有人都是王室宗亲,他们得到高级爵位后,在贵族中鹤立鸡群,威势不凡。自从1483年建立诺福克公国以后，公爵爵位开始授予王亲以外者，但很少建立公国。而且能获此最高爵位者多是军功显赫的统帅。行政界政务家即使任职多年，政绩昭著，也难获此殊荣。

### 侯　　爵

侯爵就词源而言，是由德文Markgraf（堡侯；边疆殖民地总督；伯爵）演变而来。侯爵原意与"方伯"词义相近，系指统辖一处的封疆大吏。在英格兰，拉丁语"侯爵"一词最初指威尔士边疆的领主。那时只说明他们领地的位置靠近边界，并不说明其地位高于伯爵。1385年含义变化，第九代牛津伯爵罗伯特·德·维尔被封为都柏林侯爵。1397年，萨默塞特伯爵约翰被封为多西特侯爵和萨默塞特侯爵。侯爵的地位和尊荣程度不甚明确，大约在公爵和伯爵之间，一段时期内不被看重。亨利六世在位期间，约翰·德·比奥福特被国王免去侯爵爵位，下院为此向国王请愿，要求恢复比奥福特的爵位。但他本人却反对乞求国王，并说："侯爵乃是一个新的荣誉称号，完全不为先人所知。所以，应对此冷漠视之，并不认为接受它是明智之举。"到了15世纪，这级爵号稳定地保持了它在贵族爵位中的第二级地位以后，才被贵族们所看重。与其他四个等级的贵族相比，侯爵的数目一向最少。

### 伯　　爵

在英国五级贵族中，伯爵出现最早。个别学者认为伯爵爵位来自欧洲大陆，至迟在公元900年的法国，伯爵已成为公爵的封臣。但更多的学者认为英国伯爵与法国伯爵并无继承或连带关系，而且英国伯爵称号是五种贵族称号中唯一的英文词，是由古英语earl转化而来。大约在盎格鲁—撒克逊时代后期，因王权不够强大，英格兰广大地区曾划为几个较大的伯爵管辖区。而伯爵爵位却是在11世纪初由丹麦国王克努特引进英格兰的。11—12世纪中叶之前的伯爵多是镇守一方的诸侯。他们大多是一人治理数郡，所以又被称为"方伯"。诺曼大公威廉侵入英国后，担心他们权势过重，危及王权和国家统一，遂将方伯权力加以分割，移交给他的亲信，每个伯爵的辖区仅限一郡，与国王有着极其明确的封君封臣关系，伯爵倘敢兴兵作乱便会被王军镇压，或受其他贵族制

## 风流勇士——拜伦

裁。伯爵职权名号可由后代继承，但会因为有的伯爵缺少继承人而使总数有减无增。14世纪以来，伯爵数目攀升。1307年计有九名。1327年爱德华三世即位时仅余六名，十年后增至十二名，爱德华在位晚期增至十四名。14世纪20年代之前，伯爵作为高级贵族，是男爵的"天然领导人"，在地方上负有对男爵、骑士的管理责任。但在1327年政治危机（指爱德华三世废黜其母法国伊莎贝拉公主的摄政，登基亲政），伯爵曾作为一个具有"自我意识"的政治群体独立行动，与男爵们的"距离感"突然产生。1328年由亨利三世增封玛奇伯爵领地之后，伯爵不必行使地方管理的职责。

### 子 爵

上院贵族中数子爵资格最浅。子爵称号源于法国，原为郡守，地位在伯爵之下，但有时可能是实力强大的诸侯。在英国，1440年比奥芒特的约翰被封为子爵，位居所有男爵之上。

### 男 爵

盎格鲁–撒克逊时代已有男爵一词，但无男爵爵位，而且词义不够确定。似有"自由者"或"国王的臣仆"之意，但无尊贵的含义。英国男爵出现于11世纪。到12世纪初国王大部分高级世俗贵族都被封为男爵。其中少数与王室关系密切、封地较多者又被称作"大男爵"，其地位在伯爵和男爵之间。很快，大男爵发生分化，显赫者升为伯爵，其余与普通男爵不分伯仲。正因当时男爵在世俗贵族中占了很高比例，以至于"男爵"一词长期作为贵族的集合名词使用。11—14世纪，男爵的封号和封地可通过血缘和婚姻关系传递，但不得随意出售和转让，历代国王也不随意增加或褫夺贵族封号。1387年，理查德二世首次增补男爵爵位，比奥查姆波·德·豪尔特被封为基德敏斯特男爵。以后数百年至今，居于五级贵族之末的男爵始终人数最多。

英国五级贵族大致定型于13—15世纪。它与中国周初的五级贵族分封制不同。它不是在某一特定时刻一次建立起来的，而是在漫长的岁月里逐渐形成，最终成为定制的。

## 年轻的爵爷

当拜伦母子及女仆玫瑰风尘仆仆地从亚伯丁到达纽斯德时,首先映入眼帘的不过是一座面对湖泊的修道院和一座残破的古老的哥特式教堂。拜伦母亲的伦敦代理人韩生先生和他的太太早已经在那入口处恭候多时了。随后,韩生夫妇带领他们四处参观。

拜伦母子在看过庄园里的大公园和那些宽大但却阴暗的建筑物后,更坚定了要住下来的决心——尽管韩生先生一再告诉他们:这些建筑物的后面,有几间房连屋顶也没有!况且,客厅和餐厅的地上也都满是稻草和牲畜粪便。他们决定让拜伦的母亲使用一些还没有被债主们搬走的家具,暂时在这残破不堪的纽斯德修道院住下来,以便就近慢慢再整理家务以及处理土地的问题。

至于拜伦呢,韩生先生计划让他在克拉克太太家住一阵子。这位克拉克太太的前夫,就是被"邪恶的拜伦男爵"所杀死的,她和前夫所生的女儿玛丽·嘉渥,现在还跟她住在一起,这女孩比拜伦大两岁,算起来还是拜伦的堂姐。

没多久,这位年轻的爵爷开始对自己的属地和身份感到得意起来,他以拥有拜伦家族传统的家徽感到骄傲,并且慷慨地对诺亭汉什尔的亲友们进行赠与。

风流勇士——拜伦

第二年即1799年,拜伦又搬到诺亭汉什尔的柏家去居住。有一位叫李文德的全科医生,自称精于外科手术,能治愈拜伦的跛脚。他用油脂替拜伦按摩,并用机械方法绞紧拜伦的脚。然而,除了增加拜伦更多的痛苦外,一点疗效也没有。

韩生先生不忍见这孩子遭受折磨,又觉得他必须接受较有系统的教育,因此建议他母亲送他去伦敦。韩生还说,说不定伦敦的医生对拜伦的脚有更好的治疗方法。韩生帮拜伦的母亲向国王请愿,争取到拜伦到达威区一所小学校就读的一切教育费用,并请拜伦的亲戚卡力索伯爵担任监护人。1799年的7月12日,拜伦随着韩生先生到了卡力索伯爵家。

与此同时,韩生先生劝拜伦的母亲把女仆玫瑰解雇,理由是她常常打拜伦并且带一些下流的人到家里玩。实际上,韩生先生还保留了事实的真相。直到拜伦死后,韩生才说:"拜伦九岁的时候,有一个苏格兰的女孩儿常常在晚上去找他,跟他一起玩耍。"

他的童年"初恋"也差不多在这个时期开始,对象就是这名小女孩,是一位名叫玛丽·德芙的漂亮表妹。

拜伦在九岁前后,就已经早熟了。当年拜伦之所以会告诉韩生与

※伦敦——拜伦故乡今貌

13

※拜伦故居

女孩早恋这件事,说不定是出于嫉妒玫瑰对别人也友善。而这个对宗教信仰非常热诚的女孩,带给拜伦的影响是——日后拜伦对宗教界人士的伪善深恶痛绝。

拜伦进了达威区的学校以后,因为拉丁文的训练不够,再加上不专心学习,所以名次一直落在别的学生之后。韩生先生觉得这样下去也不是办法,于是便劝说卡力索伯爵让拜伦到哈洛的公立学校去念书。韩生先生明知以拜伦的程度,去上公立学校的确有些吃力,然而他却说:"这小孩子还有点聪明,总是可以造就的!"于是,在1801年的4月,他带着拜伦到哈洛去见校长朱力博士。

有一个记录显示,1800年暑假,拜伦可能曾陪同他的母亲到诺亭汉什尔和纽斯德附近去度假。这是根据拜伦自己的口述:

> 由于我对表妹玛丽·德芙非常喜爱,因此开始用诗来抒发情感……我的热情使我睡也睡不着,吃也吃不下,一时一刻都不能安宁。虽然我知道她会爱我,但是想到还要那么久才能见面,真是非常痛苦……

拜伦尝到这种初恋的滋味,可能是在他八岁到十二岁左右。但是,这种"早熟的忧郁"和面对完美却不能占有的遗憾,在拜伦以后的生命中,借着他所接触到的男男女女,重复地出现过。并且由于他过分早熟,使他对肉体的关系产生一种厌恶与渴望相互交错的复杂感情。这对他后来的情感生活有一定的影响。这也是他之所以一方面追求年轻的女孩,另一方面却和像面包师傅的太太这一类女人鬼混的原因。

## 中学时代

**拜**伦要去的哈洛学校，是一所离伦敦市中心约十一英里的乡村学校，建筑在一座风景优美的山丘上。在这里就读的学生，大都是些贵族子弟，也有一些中上流家庭的子弟掺杂其中。不过，校长和老师们都以公平的态度对待学生们。

当韩生先生带着拜伦去见朱力校长时，朱力校长立刻指派自己的儿子亨利为拜伦的辅导人，对他加强辅导，以免日后按成绩分班时，他会被分到比他年纪小的同学中，会遭受同学们的讥笑。

但欺负人的现象还是发生了，同学们开始对这个跛脚却又非常高傲的新生产生反感，百般地对他施以各种恶作剧。

拜伦曾亲口告诉他的朋友："那些没有同情心的同学，使我觉得在哈洛的生活非常痛苦。有时候，我一觉醒来，却发现自己的脚被浸在一桶水中。"他在哈洛的头几个月，几乎都是在打架中度过的。因此，拜伦非常厌恶学校生活。

暑假好不容易来临了，拜伦又可以回去和母亲在一起了。这时候韩生先生又为拜伦向皇家高等法庭争取到每年500英镑的教育费，并且请来贝里和劳瑞医生，为拜伦设计了一只鞋，这只鞋子的右脚踝处有个支架，穿的时候用绷带连脚一块儿包起来。穿上这只鞋子走路，可以调整双脚的平衡，不至于被看出是跛脚。可是，在学校里拜伦很不愿意带着这个麻烦的支架，因为这使他的行动不能像别的小孩一样利落。他对每种运动都要尝试，而且对板球特别得心应手。他也开始结交许多新朋友。年纪比他大的朋友，大都来自平民家庭，拜伦无法与他们交往。而只有年纪比他小的贵族才肯跟他做朋友。

当假期再来的时候，拜伦便兴高采烈地跟着母亲回到巴斯的外婆家去度假，并且参加了许多舞会。学校快要开学时，拜伦的母亲写信给韩生先生说："拜伦拒绝回哈洛读书。"但是，2月开学时，拜伦仍旧回到学校去了。

在哈洛学校的生活，实际上是非常单调的。因此，课余的时候，常常可以见到拜伦在校园里的一棵榆树下静坐沉思。正值青春期的拜伦，内心充满了感伤和忧愁的情绪，而这段时期也可说是他作诗灵感最丰富的时刻！

校长看出了拜伦的天分，他在写给拜伦的监护人卡力索伯爵的信中说："这孩子颇有天分！将来会对他的爵位锦上添花。"卡力索伯爵也很高兴地回了一封信询问："真的吗？"

经过韩生先生的努力，纽斯

※英国国会大厦

风流勇士——拜伦

德的庄园终于找到了承租的人葛雷先生。那是一个23岁的年轻贵族,地位比拜伦要低,但是他愿意以一年50英镑的租金租下纽斯德这块地方。也因为这样,拜伦的母亲必须搬到附近一个名叫南井的地方去住。放暑假的时候,拜伦虽然和母亲住在一起,可是,不久就对这个只有三千多人口的小镇感到厌烦了。于是,他们又搬回纽斯德和看守庄园的人住在一起。

这时候,热情的拜伦的心完全被堂姐玛丽·嘉渥的美丽所俘虏了。亭亭玉立的嘉渥小姐可能也对拜伦的小聪明和奉承手腕感兴趣。然而,她对拜伦却谈不上有什么爱意,因为不久前她已和一位风度翩翩的青年约翰·马斯德士先生订了婚。可是,被爱情冲昏了头的拜伦,却仍然每天忠实地到嘉渥小姐家去报到。有时偶然不经意的肌肤之触或看到嘉渥小姐的一颦一笑,都会让拜伦整夜不能成眠。

学校又要开学了,拜伦却一点也没有回去上课的意思,也不在乎母亲的再三恳求。韩生先生经不住校长的一再询问,只好写信给拜伦的母亲,结果却得到她的这样一封回信:

虽然我努力地劝了他六个星期,但还是不能成功地把他劝回学校。我知道他并不是有什么不对劲的地方,只是由于单恋着嘉渥小姐。(在我看来,这是最严重的病态!)他已经在她家附近待了三个星期之久,一直没来看我。

信里虽是这样写,可是这位溺爱孩子的母亲,记起她当年对拜伦父亲的迷恋情况,于是也就顺从了拜伦的意思,让他在纽斯德待了下来。

但是,没有多久,拜伦开始领悟了嘉渥小姐的意思。有一天晚上,也不知道是他自己听到,还是别人转告他,说是嘉渥小姐对女仆说:"什么,我会喜欢那个跛脚小孩?"在羞愤交加下,他冲出嘉渥小姐的家,回到自己住的地方。尽管如此,他仍无法忘记嘉渥小姐。他后来告诉朋友汤马士·麦德温说:"她是我年轻时梦幻中美的化身!"

这件事的发生,使拜伦产生了立即离开纽斯德这块伤心地的决心。可是,正在这时,向他们承租庄园的葛雷先生邀拜伦和他一起去打猎,于是拜伦就留了下来,和他一起在晚上去打雉鸡的窝巢,倒也玩得不亦乐乎。但是,在拜伦过16岁生日的时候,也就是1804年1月却发生了一件不愉快的事情,使得拜伦的情绪非常恶劣，而且很厌恶地离开了葛雷先生，发誓今后再也不和他来往。虽然他不愿意说明事件的原因，但是他曾暗示：葛雷先生有冒犯他的意图。

1月底左右，拜伦又回到哈洛学校读书。这次回去，他已对学校比较感兴趣了，并且，除了旧识的朋友外，他又结交了许多新朋友。而且，他也不想再回到母亲住的地方去度假了。现在，拜伦有了一个知心的朋友，就是他同父异母的姐姐奥古斯塔。

拜伦在写给她的信中说："在这世界上，只有你是我最亲近的亲属了。不仅是在血统上，连情感上也是如此！"

拜伦和母亲越疏远，和奥古斯塔的关系就越亲密。拜伦再一次回到哈洛读书，又是一学期的新开始。不过，这次回去，却是出于自己的决定，他在写给母亲的信中说："富有、尊贵的路就在我面前，只要我肯，就能开出一条途径来，

※ 拜伦就读的剑桥大学

## 风流勇士——拜伦

否则我将会走向灭亡!"

16岁的拜伦,理想和抱负已经十分明显,他梦想着做一个议会中的著名演说者。因此,在哈洛读书的时候,他对演说这一科目特别用心,也一直想博得朱力校长的赞赏。他自己表示,在哈洛的时候,大家都觉得他除了玩耍、捣蛋和发呆以外,并不喜欢读书,其实这都是对他的误解。

"事实是……"拜伦说,"我吃饭也读书,在床上也读书,别人没有读的时候,我还在读书!而且,从15岁开始就什么书都读过了。"的确,根据拜伦在剑桥大学时的笔记本记录:他15岁的时候,就已经读过了文学、历史、哲学、神学等方面的书籍,以及卢梭等人的著作。

暑假再来临时,拜伦与母亲的关系更加恶化了。

拜伦说:"以前是她放纵我、溺爱我,现在却相反。而且,我们母子间之所以会争吵,都是为了那个讨厌的葛雷先生……有一次我几乎怀疑——我母亲是不是爱上了他?"

就因为这样,拜伦常借故离家到比果家去玩。比果家有一个比拜伦大好几岁的伊利莎白小姐,还挺喜欢和他在一起玩呢!可是,拜伦对嘉渥小姐的情感依然存在,而且,还有几次偷偷地回去看她。嘉渥小姐快要结婚了,心情非常愉快。自然没有多少时间去理会拜伦。沮丧加上失望,几乎使拜伦的精神崩溃。他的母亲更是火上浇油地告诉他:他童年的恋人——玛丽·德芙已跟别人结婚了(只因为拜伦批评葛雷先生而激怒了母亲)。拜伦差不多是在颤抖的状况下离开母亲的。

新的学期开始的时候,拜伦很高兴能逃回哈洛去读书,并且把自己追求女孩子的热情,转移到同性的朋友身上。至少,他们单纯的友情,不至于像女孩子那样变幻莫测,而且他们又肯接纳他原来的样子。从此,拜伦对年纪比他小的朋友,像克莱和德拉威爵士特别地好,他觉得他们漂亮的脸同样具有美感,而且他觉得与他们在一起几乎与漂亮的小姐在一起时毫无两样!

因为拜伦一再告诉奥古斯塔他和母亲感情恶化的原因,所以奥古斯塔就设法(和韩生先生联合)让拜伦回南井去度假,但却不让拜伦的母亲事先知道。另一方面,因为拜伦在哈洛惹了许多麻烦,校长也劝他自己去找个私人教师,在家里整理功课及预备进大学的一切事情。但是拜伦离开哈洛没多久,又自动回到学校去念书了,他根本不理会朱力校长的劝告。果然,他一回到学校,就发动全校的学生反对新上任的校长。现在,他在哈洛已经居于领导者的地位,这也是他努力要重回哈洛的原因之一。另外的原因是,他怕同学们以为他是被学校开除的,而且他想回校参加演说课的期末考试。

拜伦和家里的关系越不好,就越是喜欢学校。他说:"我非常不想离开哈洛,最后一学期的时候,我每天都要计算一下,留在学校的日子还有多少天,真是越算越难过!"

可是,天下没有不散的筵席,拜伦还是跟他的好友交换了离别的纪念品,十分感伤地离开了哈洛。

1805年9月23日,拜伦偷偷地离开母亲逃到伦敦去,在那里住了一个月,为进入剑桥大学三一学院的事情作准备。

## 知识链接

### 剑桥大学

剑桥大学成立于1209年,最早是由一批为躲避斗殴而从牛津大学逃离出来的学者建立的。1231年,亨利三世国王授予剑桥教学垄断权。从此,剑桥大学和牛津大学齐名为英国的两所最优秀的大学,被合称为"Oxbridge"。是世界十大学府之一,七十三位诺贝尔奖得主出自此校。

剑桥大学所处的剑桥是一个拥有十万居民的英格兰小镇,距英国首都伦敦不到一百千米,这个小镇有一条河流穿过,被命名为"剑河"(也译作"康河")。绝大多数的学院、研究所、图书馆和实验室都在这个镇上。

剑桥大学有三十五个学院,有三个女子学院,两个专门的研究生院,各学院历史背景不同,实行独特的学院制,风格各异的三十五所学院经济上自负盈亏。剑桥大学负责生源规划和教学工作,各学院内部负责录取学生,每个学院在某种程度上就像一个微型大学,有自己的校规校纪。剑桥大学的第一所学院彼得学院于1284年建立,其他的学院在14世纪和15世纪陆续建立。

剑桥大学有教师(教授、副教授、讲师)1000余名,另外还有1000余名访问

学者。剑桥大学共有学生16900名,其中包括6935名研究生。研究生中72%来自其他大学,42%是国外留学生,女生占36%。

　　剑桥大学三一学院是剑桥大学中规模最大、财力最雄厚、名声最响亮的学院之一,拥有约600名大学生、300名研究生和180名教授。同时,它也拥有全剑桥大学中最优美的建筑与庭院。

　　三一学院的教堂是由亨利八世的女儿玛丽·都铎于1554年修建的。教堂前厅摆着从三一学院毕业的著名毕业生的玉石雕像,包括牛顿、培根、丁尼生等人。

　　三一学院在学术成就上是剑桥所有学院中最顶尖的,也因拥有众多著名的毕业生而声名显赫,到目前为止该学院共培养出了三十一名诺贝尔奖得主,著名的毕业生包括了牛顿、培根、拜伦、怀特海、罗素、维特根斯坦等人。

※三一学院

## 剑桥的大学生

❝1805年,当我十七岁半的时候,"拜伦后来对人说,"我不太高兴进剑桥大学去读书。原因之一是,我舍不得离开在校最后两年才开始喜欢的哈洛中学;原因之二是,我不能进入自己想进的牛津大学(因为已经额满了);而且,这时候,我也为一些私人的家务事而烦心。我感觉自己就像一只离群的狼,不太愿意和别人有任何交往……更令我伤心的是:我知道自己已经不再是个小男孩,我觉得自己似乎已经变老了!"

但是,拜伦仍进入了空间广大的三一学院,

※ 剑桥大学城

## 风流勇士——拜伦

在搬进学校东南方一间很宽的房子后,他觉得精神好多了。拜伦一直都喜欢广大的空间,这也正是他会喜欢纽斯德的原因,那里虽破旧但建筑物高大,而且土地广阔。

他在11月6日写给奥古斯塔的信中说:

*我住在这里,每年有500英镑的收入,有仆人侍奉,还有马车,真像一个自由自在的德国王子!*

可是,这所学校里虽然没有贵族与平民之分,但长久以来留下来的不成文规定,却特别容许贵族有可以不按时上课和不必参加考试的特权。更过分的是,贵族常可以随意破坏学校的规定,可以过自由放荡的生活。拜伦在哈洛虽然交了许多贵族朋友,但是在剑桥的朋友中,却是一个贵族也没有。起初他也想和那些贵族一样整天地吃喝玩乐,但却觉得丝毫没有乐趣可言,有时反而觉得浑身不自在。

我们从他写给韩生先生的信中可看出一些蛛丝马迹:

*这些人所追求的东西很多,吃、喝、玩、乐、睡觉、打架……但是,永远轮不到读书。我坐下来写这封信给你,可是,我满脑子里都被这些放浪的行为所笼罩……我虽然对它们深恶痛绝,但却依然不能避免……终归而言,毕竟我在这里还是最"稳重"的人!我没有招惹任何麻烦,也没有进退两难的痛苦遭遇……*

拜伦在剑桥所结交的第一个朋友,就是从前在哈洛一起读书的艾德华·隆,他是在拜伦的一些酒肉朋友之外,兴趣比较相近的同学。他们一起游泳,一起骑马读书,晚上,隆还会吹横笛和拉大提琴让拜伦欣赏呢。有时候他们一起骑马到干彻斯特(今天还被叫作拜伦池)的堤上,此时拜伦往往可以暂时忘掉每天和那些吵闹的朋友相聚的不愉快。虽然,有时候拜伦晚上也和那些吵闹的朋友混在一起,但却能自己偷空读书。有一本华特·史考特的诗集,就是在一个有"混蛋王"之称的家伙的屋子里读完的。

尽管拜伦没有浪费金钱在花天酒地的事情上,但他似乎有随意挥霍的习惯。因为,当他在伦敦过圣诞节的时候,几乎已是一文不剩了。

在12月27日写给奥古斯塔的信中,他要求姐姐替他作保,因为——"有人答应借给我几百英镑……"这是拜伦首次和放高利贷的人攀上关系,而且在以后的三四年中，他一直都靠借贷过活，并且债台高筑到数千英镑。虽然奥古斯塔坚持要替拜伦还债，但他却拒绝了。

这时候，拜伦不仅在金钱上陷入困境，在情感上也似乎陷入低潮。但是他认为即使向人倾诉，别人也不容易了解。

他的好友隆在1821年的日记中写着："他的友情，以及一股激昂却纯洁的爱和热情——当时也曾使我非常感动，也是我一生中最浪漫而快乐的时期！"

再从他1807年写给伊丽莎白·比果小姐的信中，我们看到拜伦自己透露，他在剑桥的三一学院教堂里，看到一个唱诗班的男孩，令他非常欣喜：

……最初是他的声音吸引了我，然后是他的容貌，最后，他的态度使我想要永远和他在一起。我爱他甚于一切，时间距离都不能改变我……在剑桥的时候，我们每天在一起，不论春夏秋冬，没有一刻会感到无聊，而且，每次都依依不舍地分开。

不论拜伦的情感在他去东方旅行后产生了什么样的变化，可是我们似乎不能怀疑，他对那个唱诗班的小男孩艾德斯敦的"激昂却纯洁的爱和热情"是一种浪漫的爱。而我们也可以证实，这种爱和拜伦对玛丽·德芙，以及玛丽·嘉渥的情感是同样热情而纯洁的。

剑桥的新学期在2月5日开学，但拜伦仍旧留在伦敦。而且，当归还借贷的限期到了以后，奥古斯塔并未按时替拜伦作保。为了这事，

※剑桥大学国王学院

## 风流勇士——拜伦

拜伦连续好几个月都不跟奥古斯塔通信。最后,拜伦只好找房东和房东的女儿替他作保。奥古斯塔知道了,心里非常难过,拜伦的母亲也感到不安。

拜伦向放高利贷者以极不合理的利息借得900英镑,还清了在哈洛的债务,又付了231英镑的学杂费。但是,他还是没有回学校去读书的意思。

他有点幸灾乐祸地写信给他母亲:

我身边虽有些钱可以周转,但是,我觉得还不够我一学期的费用……在英国大学进修,对一个有身份地位的人来说——我想你也清楚——不太可能,而且是非常荒谬的想法……也许我不能在法国有什么发展,然而,柏林、维也纳或圣彼得堡还有我容身的机会!

他的母亲接到信后,几乎要晕倒了!她看出这个小孩完全学着他爸爸的样,还未成年就快要自我毁灭了。

在绝望中,拜伦的母亲写信给韩生先生说:

这小孩将会是我的致命伤,他快要把我逼疯了!我绝对不会同意让他去外国,再说,他去哪里筹这笔钱?他不是已经被放高利贷的控制住了吗?啊!这孩子,真是没有感情,没有良心!

到3月10日左右,拜伦借来的钱又花光了,不得不写信向韩生先生求援,请他帮忙为他凑足500英镑以便还债。也许他对伦敦也有点厌倦了,于是,在4月中旬,他又回到学校去了。不过他浪费的习惯还是跟以前没有两样,不但慷慨捐款给学校,甚至又买了一部豪华的马车。

拜伦是否到学校上过课,我们不太清楚,但是,也许他觉得学校的生活太枯燥乏味了,以至于在和别人的通信中,一次也没有提起过。尽管第一学期,他付了20英镑17先令的书钱,但他却没有好好用心去读书。他大部分的时间都花在写诗上了。

虽然他在学期快结束的时候才回学校,但回去以后,也没有待多久,因为他的口袋里又空空了。1805年暑假在不得已的情况下,他回到南井的母亲那边。

不可避免的,拜伦又与母亲激烈地争吵起来。自然,比果家又成为他的避风港,何况,拜伦又认识了伊丽莎白·比果的哥哥约翰·比果,他刚从爱丁堡读医学院回来。

25

同时，拜伦也安排好将自己的诗集委托给附近纽瓦克的出版商约翰·理奇去印刷。一切正在进行中时，拜伦却又和母亲吵起来了，这次的情形可能特别严重，因为8月7日拜伦在比果兄妹的协助下，飞也似的以一副狼狈相逃回伦敦去了。不料，拜伦的母亲也紧跟着他到了伦敦。拜伦费尽周折才把母亲劝回南井，然后，他就转往萨克斯海岸边的小汉普敦与好友隆度过一个快乐的假期。

## 知识链接

### 爱丁堡

英国北部城市，苏格兰首府，经济和文化中心。在苏格兰中部低地、福斯湾的南岸。面积260平方千米，人口44万。1329年建市，1437年至1707年为苏格兰王国首都。造纸和印刷出版业历史悠久。它是重要的运输枢纽、航空港、文化古城，18世纪时为欧洲文化、艺术、哲学和科学

※爱丁堡

## 风流勇士——拜伦

中心。有1583年建立的爱丁堡大学,还有古城堡、大教堂、宫殿、艺术陈列馆等名胜古迹。广场上有各种纪念碑。国家图书馆藏有大量书籍和名人手稿。

爱丁堡又是一个风景秀丽的城市,依山傍水,地貌多姿,素有"北方雅典"之称,有"欧洲最美丽的城市"之誉。

※爱丁堡航拍图

9月的时候,拜伦又回到了南井,这次不但有马车,还有马夫和侍从,而且,似乎身材也瘦了一些。他的母亲只能看着他的奢侈行为而愤怒,但拿他没办法。拜伦回去后立即和比果家联络,他们组织了一个私人剧团,当然,拜伦每次都扮演主角。

同一个时期里,他虽然也追南井的小姐,写一些情诗给她们,却都不太认真。

他私人投资出版的诗集在11月的时候,以《流浪者之歌》命名出版了。然而,其中半数以上的诗是在学校里的即兴之作、讽刺人的诗,或者他个人的习作,其他的则为模仿汤

27

※拜伦纪念邮票

姆士·摩尔式的（讨论如何奉承女孩）论文。这些露骨而充满色情色彩的诗——例如，其中一首叫《献给玛丽》——灵感可能来自他在伦敦的经历。由于这首诗，他博得一个"放荡的罪人"的恶名！但是拜伦的第一册诗集，的确是一本既写实又讽刺、感情丰富而浪漫的作品。

当拜伦把一册印好的诗集送给他的导师约翰鲁拜契尔牧师后，所得到的反应是——有些描述太过于热情了！拜伦立即写了一些诗来为自己的作品辩护，他的理由和后来他为自己另一部作品《唐璜》的辩护大致一样。他说他的灵感就是"简单的真理"。不过，他在当天收回所有分送给朋友的诗集，全部焚烧，只有四本逃过了这场劫难，而且，有一本是在约翰鲁拜契尔牧师的手中。

过了不久，拜伦又着手写另一本诗集。他打定主意要写一本"极为正确且极为纯洁"的诗集，但是这样过分严谨的作品却限制了拜伦写实、尖锐和幽默的才华。这本诗集在1807年的1月出版，约有一百篇，取名为《生活杂感》。

也许为了更能表现他的风流倜傥（一个五尺八寸半的身材，却有202磅体重的人当然不行），拜伦开始实行斯巴达式的减肥。据他说，是由"激烈的运动，许多的泻药和热水浴"所构成的减肥方式。说来也奇怪，从此以后，他竟能一直保持着这样的身材，直到1818年他到威尼斯以后，才又胖起来。

拜伦并不因自己的诗在南井有读者而感到满足，他又送了一本诗集给亨利·麦肯契（《有感觉的人》一书的作者），并且很高兴能得到这位作家对他诗集的赞美。他也送了一本给韩生先生，然而，除了赞赏之外，韩生还劝告他在演说的天分上多发挥。拜伦回答说他成年之前是无法达到那个目标的。他说："事实是这样，我之所以会待在这里，那是因为我无法在别处发展，因为我已到了山穷水尽的地步！酒与女人已耗尽我的一切，现在我

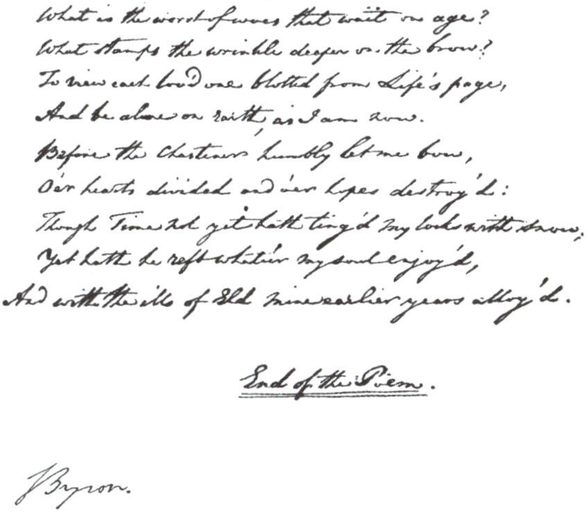

风流勇士——**拜伦**

※拜伦肖像与手稿

已经身无分文了……"

拜伦逐渐将出版目标从私人付印转为大量出版。但是，由于他过分缺乏自信，在私人付印时将一些精华部分删除掉，而所剩下的，不过是些细腻、伤感的作品而已。另外他又加上一些翻译的希腊诗作品及一些仿作。后来，由出版商理奇为此书冠上了一个书名：《闲暇时刻》。1807年6月27日，拜伦兴致勃

※美丽的风景总能激发诗人的灵感，到处游历也是拜伦的爱好

勃地带着新出版的诗集，回到了剑桥。他每年的零用金已稍稍增加，再加上母亲为他借贷来的钱，使得他能偿付学校的费用。但是，最令他得意的是，他的旧朋友和同学没有一个人能认出他来，因为减肥后的他已和原来完全不同了。

然而，他才回到剑桥，却又打算退学，要不是他待在那里一个星期和一些新旧朋友闲谈甚欢的话，他也许不会在剑桥再待上一年了。

从表面上看，拜伦似乎很容易改变他的主意。其实，在他内心深处，有一种很强烈的情绪因素在支配着他的行动。就以他在认识约翰·霍豪士和查理斯·麦修士这两个朋友以后，又决定留在剑桥读书的事来看，便可以明白。

拜伦新认识的这两位朋友，和拜伦一样也很会捣蛋，同时他们也和拜伦一样有异于常人的能力和兴趣。

约翰·霍豪士，是布里斯托的一位国会议员班杰明·霍豪士的儿子，他在1806年进入剑桥大学三一学院。他广阅史书和政治刊物，并且有维新党人的思想，充满了政治野心和对文学的热爱。

查理斯·麦修士和拜伦的认识倒是有点特别。拜伦回南井度假时，他曾住在拜伦的房间，有一个人跟他开玩笑说："拜伦很在乎别人乱动他的东西，所以你对他的物品要格外地小心，以免触犯他的情绪。"结果他就小心翼翼地使用拜伦的东西，连别人进出，他都要人家轻轻地开关房门。和霍豪士比较起来，他可能较为偏激，他和拜伦讨论一桩两人都感兴趣的问题时，常令霍豪士暗地里捏一把冷汗。拜伦和他在一起时，常会情绪高昂地出点子，想些恶作剧来捉弄人。

1807年7月，拜伦以诗人的姿态回到伦敦，而且，他在南井的知名度也越来越高。他在伦敦的发行人考斯贝，在他自己出版的《每月文学漫游》7月号刊物中，决定碰碰运气，捧一捧拜伦的《闲暇时刻》这本诗集。在同一刊物，还刊出拜伦读华兹华斯诗集（1807年出版）后的感想。拜伦的虚荣心因此得到更大的满足。他向人表示："我在书商那里看到自己的名字，但是我并没有表明我的身份，只是暗暗享受这份光荣！"

拜伦闲暇的时候，除了写诗之外，就是满脑子的奇思怪想。他旅行到苏格兰高地后，雇一艘船航行到布里岛，最后再远征冰岛。

当他在秋天回到剑桥时，还买了一只熊。他把它养在他住的阁楼上，还每天带着它去散步，好像用链子牵着一只狗一样。

虽然拜伦极力要让别人有一

风流勇士——**拜伦**

※剑桥的名称取自当地的一条环城河流——剑河（River Cam，音译作"康河""卡姆河"）。剑河是一条南北走向、曲折蜿蜒的小河，剑河两岸垂柳倒挂，芳草萋萋，河上架设着许多设计精巧、造型美观的桥梁，其中以数学桥、格蕾桥和叹息桥最为著名，剑桥之名便由此而来，剑桥的原意就是指"剑河上的桥"。

种错觉——觉得他和其他的贵族一样，在剑桥就只"专修"吃、喝、嫖、赌。但事实上，我们从他写给伊丽莎白·比果小姐的信中可以看出，自从他的诗集付印出版后，他的作品产量大大增加了。在短短的八个星期里，他已写了一本二百多页的小说，几首约四百行以上的诗，还有一些讽刺的小品文。

他觉得自己已荒废功课太久，于是，在11月30日开始整理他"十五岁以来的作业"。他很懊悔地说："自从我离开哈洛中学以后，因为写诗和追女人，变得既骄傲又懒惰。"不过，有些迹象显示：拜伦一旦认真去阅读一些东西，就会格外仔细，并且能应用他敏锐的判断力。

由于朋友的影响，拜伦更喜爱讽刺作品。在剑桥另一个新学期开始时，麦修士介绍他认识了国王学院的戴维斯和其他几个有点小聪明的同学。也许因为这个缘故，他们把拜伦吸收为剑桥维新党的党

※具有英国特色的电话亭

员——尽管拜伦有的只不过是一点单纯的政治思想和自由意识以及反抗心理而已。在这里,拜伦对霍豪士的友谊及景仰之情日益加深。他们两个人在一起,与其说是因为同在一个党里,倒不如说是因为有同样的文学兴趣。那时,他们两人正巧各自完成了一部讽刺作品。拜伦的作品是对他所认为的当代"英国诗人"做了一次评述,而霍豪士则仿效别人的作品对政治和社会的腐败做了一番批评。

拜伦的另一个文艺界的友人名叫法兰西斯·霍积生,他和拜伦都喜欢德来敦和派普的作品,更重要的是霍积生的爸爸与威廉·寄福,即当时最著名的文学批评杂志《文学季刊》的主编是好朋友。

霍积生与拜伦的友谊发展有点特别:拜伦曾模仿霍积生的讽刺小品以示敬仰,而生活严谨的霍积生曾有意把拜伦改变成一个正派的人物,结果却和拜伦早期的朋友一样,终生对放荡不羁的拜伦忠心耿耿。

拜伦在剑桥的新生活没有多久又结束了。他利用向韩生先生借来的20英镑在伦敦过了一个圣诞节。除了偶尔去拜访他的朋友以外,他一直到隔年夏天去领受硕士学位时才回去。以后再也没有回剑桥去。

拜伦在剑桥停留的时间里,所拥有的像霍豪士这些人的友谊,算是他在剑桥八年进进出出,所能带走的最宝贵、最永恒的东西了。

※拜伦像

## 向往东方

**1808** 年开始了，拜伦仍旧忙着校订已经出版的诗集和预备新诗集的排印工作。同时也在伦敦享受着作家的自我快乐。像往常一样，他还是缺钱用，因此，他自己也不想做回剑桥的打算了。

在给韩生先生的一封信中，他说："我马上就要满二十一岁了，但是身边连二十一英镑也没有。"这个时期缺钱用，对拜伦来说一定非常难堪。因为他生性慷慨大方，即使他必须向人借钱才能填饱肚子，仍旧要表现出自己的阔绰；更糟糕的是，他越没钱，出手越大方。

拜伦在伦敦住了一段时期后，突然开始放纵自己的情欲。他的身体本来就因为减肥过度而衰弱，现在精力更加不好，影响了他的创作。在给好友霍豪士的信中，他坦白承认："我已陷入情欲的深渊，几乎不能自拔！"追究起来，他放纵自己的原因，很可能是由于一些文学评

※年轻的拜伦

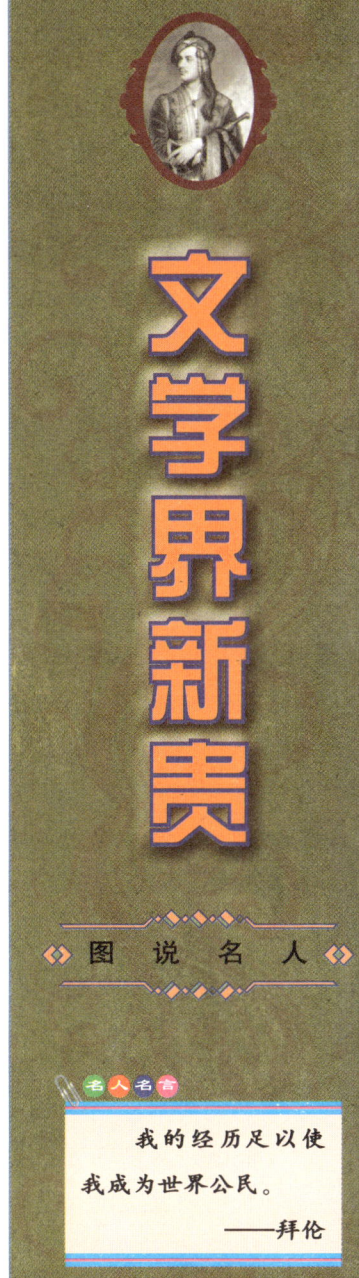

# 文学界新贵

〉图 说 名 人〈

**名人名言**

我的经历足以使我成为世界公民。
——拜伦

论家对他的批评所引起的。有一份较为著名的文学批评杂志《爱丁堡书评》，甚至对他做人身攻击，说他骄傲自大，而其他的评论也没有说什么好话。

后来他似乎已修养得可以承受这种打击了，然而，他的好友霍豪士说："事实上，他几乎要毁灭自己！"最后，拜伦的愤怒虽转为报复的决心。可是，他的意志却从那时候起开始消沉，整个春天，他都浸溺于肉欲中。他的健康已遭到严重的损害，而他却非常不在乎地对霍豪士说："当爵爷的都是这样！"

拜伦在6月16日离开了伦敦，转往不来登享受海边风光。

7月4日，拜伦再度回到剑桥接受硕士学位。他对人家说："……校长颁发硕士学位给我，是因为他不得不这样做……这真是一出闹剧！"

拜伦回到不来登的时候，霍豪士和戴维斯来陪伴他。7月和8月，他就在泡泡海水、狂饮和写一些哀怨的诗给他的情妇中度过。当忧郁的情绪来袭时，他就在诗行中发泄。他对现实的不满和他的幻想，很少在信里表达出来，但由他的诗中可看到。

**我渴望再成为一个天真无邪的、无忧无虑的小孩……**

我们可以从诗中发现，他把一切的忧愁都转移到他对童年的回忆中。

9月初，他回到了纽斯德，虽然向他承租庄园的葛雷没有好好地为他照顾庄园，但拜伦还是对属于自己的土地爱恋不已。于是他立刻决定，非但不把庄园卖掉来还债，甚至还要大肆地修缮一番，使它像

※在现代写字楼里的年轻人也不乏拜伦的崇拜者

## 风流勇士——拜伦

※拜伦最初的游历是基于母亲让他为进入国会而增长见识,这也契合了拜伦的浪漫思想倾向。图为英国国会大厦

从前一样地美丽壮观。他耗费了许多金钱,雇来了很多工人,连他母亲都为他的大手笔所震惊。然而他却对母亲说:"你没有办法阻止我做这些事,连我明年3月间(最晚5月)就要动身去波斯的事,你也管不了!因为,在我回来之前,你要做我的房客。"

拜伦决定去东方旅行的原因是——据他的监护人、他的代理人韩生先生,以及他的母亲说——他要在二十一岁的时候,在议会的贵族院取得一席之地,然后利用到国外的机会增广见闻,以便为自己进入国会的前途铺路。

但是,拜伦真正的动机并不是如此单纯,他深藏已久的浪漫思想(到一个不同的环境去,寻求新鲜的经历等等),以及日感厌倦的放荡生涯,都可能是迫使他急于离开英国的原因。再说,他自己的毅力太不坚定,若不断然离开英国,他必定没有勇气脱离那种每天千篇一律的腐烂生活。

他在写给母亲的信中也表示——

总之,你必须了解我的计划并没有不妥之处。如果我现在不去旅行,以后恐怕就没有机会了!而且,每个人都应该在一生中做一次旅行……如果我们不去看看别的国家，我们将会永远对别国的人抱有偏见……

在等待的这段时日中，拜伦和霍豪士过着爵爷的生活，霍积生收到拜伦的信说——霍豪士打猎、游泳……而我却什么也没做……事实上，他也不是在那里无事可干，他不断地在增补他的讽刺作品。

拜伦的堂姐（即他暗恋的玛丽·嘉渥，现在已是马斯德士夫人了），一听到拜伦回来的消息，立刻邀请拜伦同霍豪士去她家。由于这次的造访，勾起拜伦许多伤痛的回忆，自然，这种纷乱和不安的情绪，又借着写诗而得到抒发了。

除了这件不开心的事外，还有一桩令拜伦伤心的事，那就是他的爱犬包茨威恩得了狂犬病，拜伦眼睁睁地看着它死去。根据摩尔的记录："拜伦对狂犬病的情形近乎无知……很多次，当狗病发作时，他还用手去抹掉它嘴上的白沫……"这只狗死后，拜伦伤心透了，他特地为这只狗写了一篇墓志铭放在它的墓前，后来又把墓志铭刻在石碑上立于纽斯德的花园里。

这两件事发生后，拜伦更想马上离开英国了。在写给韩生先生的信中，他说：

我想去研究亚洲的政治和风俗习惯。我还年轻，还有光明的前途，我不想就这样放荡地过完一生……再说，即使我在六个月的航程中，用上十二个工人，所花费的费用也不过是800英镑而已，我想你也会同意。如果同样的情形，在英国生活恐怕要四倍以上的费用呢！

11月底，霍豪士离开了纽斯德，于是拜伦又邀请许多朋友来陪他，但是一个都没有来。正寂寞无聊时，他的园丁为他带来了一个从土里挖出来的骷髅，这正好可以替他解闷。他命匠人把这个骷髅头做成一个大酒杯，放置在一个银盘里面。工钱（拜伦一点也不操心，因

※纽斯德花园一角

## 风流勇士——拜伦

为他还有更大数目的债要还呢!)17英镑17先令。

他为这件事写了一首诗——刻在骷髅做成的杯子上的诗:

*不要害怕——也不要以为我的灵魂已经飞逝无踪,看看我这个天下独一无二的骷髅!*

*从这里面流出来的,绝不是活人的脑汁,尽是一些枯燥无味的东西!*

拜伦待在纽斯德的这段时间,虽然因为朋友的离去而感到寂寞,然而,他却向人表示,他一直不缺乏女性的安慰。他雇了两个年轻的女仆来帮忙管理家务。他写信给朋友说——我雇用了两个人,这是因为其中一个较年轻的已怀孕(你也可以想象得到这是谁的成绩),我不忍心让她受苦。

虽然从表面上看来,拜伦是一个玩世不恭的人,可是,他对自己所做的事,却颇有责任感!拜伦每年供给这个怀孕的女仆100英镑(50英镑给孩子的母亲,50英镑归孩子),而且当这个孩子出世后,拜伦还写了一篇《给我的孩子》的诗,尽管他一点也不爱这个女仆。

拜伦再次到伦敦时,有两件事迫切需要办理妥当。一是出版他的讽刺作品,另一是要筹划进入国会的一切工作。他虽已写信给他的监护人卡力索伯爵,请伯爵出面替他介绍,免得他自己还要办理呈报身份证件等繁琐手续。然而,卡力索伯爵只是冷淡地告诉他一些申请的手续,并未出面替他介绍。拜伦觉得受了极大的羞辱,却也不得不按照一定的手续进行。同时,他购买了许多有关政治方面的手册和一些旧的记录。自然,他又欠书商一大笔债了!

拜伦的浪费一直令他的母亲坐立不安,她写信给韩生先生说:

*我只希望上帝能帮助他脱离目前的境况,让他今年春天能和一位有财产的小姐结婚。*

*至于什么爱情的结合啦,那都是与实际生活毫不相干的。他应该利用上帝赋予他的才能,何况他还是一个英国的贵族呢!他有和贵族家庭小姐结婚的特权。*

整个1809年的2月里,拜伦一面修改他将要出版的讽刺诗,一面等着去伦敦进入上议院的时刻赶快到来。

上议院延搁了接纳他的时间,使拜伦感到非常没有面子。因此,当仪式完毕,主席离座向他伸手表示欢迎时,拜伦只肯碰一下主席的手指头，然后故意坐到反对党的席位上去。不过，拜伦之所以这样做，除了生气外，也是由于他天生具有的反叛个性。拜伦就是不要让那位主席以为自己是和他同党的。此外，他害羞的个性，也常常导致他人以为他冷漠无情。

拜伦要出版的讽刺作品，已定名为《英国诗人和苏格兰的评论家》，可是，却没有在封面上写出作者姓名。他因年轻气盛，毫不谦虚地对当代作家们大肆批评，他说他们和他所景仰的派普和德莱敦比较，不过是"缺乏智慧"的"骗子与笨人"；

连他从小就爱读的摩尔的抒情短诗，也被他批评为"没有道德"。当然，他也趁机抨击《爱丁堡书评》的主编，以发泄自己的怨气。

拜伦发泄完自己的愤怒，又在国会争取到一席之地后，他觉得可以准备出国了。于是便买了5月6日的船票，准备从英国南端的法尔茅斯出境，并且催促韩生先生尽快替他筹钱。他急着要离开英国的原因，到底是什么，到现在还是一个谜。他写给韩生先生的信中提到，他并不是因为出版了那本讽刺诗怕得罪人而要赶快逃离英国，"但是

## 知识链接

### 英国首都伦敦

英国首都伦敦位于英格兰东南部的平原上，跨泰晤士河，距离泰晤士河入海口88千米。

※泰晤士河夜景

风流勇士——拜伦

早在三千多年前,伦敦地区就是当时英国人居住的地方。公元前54年,罗马帝国入侵大不列颠岛。公元前43年,这里曾是罗马人的主要兵站,并修建了第一座横跨泰晤士河的木桥。当时伦敦被称为"伦底纽姆"。

16世纪后,随着英国资本主义的兴起,伦敦的规模迅速扩大。公元1500年,伦敦的人口不过5万,1600年人口增至20万,1700年增至70万,18—19世纪,伦敦已成为世界上最大的金融和贸易中心。1900年,伦敦的人口增加到200万。20世纪60年代伦敦人口曾达到800多万,2001年伦敦人口为718.8万。

伦敦的行政区划分为伦敦城和三十二个市区,伦敦城外的十二个市区称为内伦敦,其他二十个市区称为外伦敦。伦敦城、内伦敦、外伦敦构成大伦敦市。大伦敦市又可分为伦敦城、西伦敦、东伦敦、南区和港口。伦敦城是金融

※白金汉宫从1837年开始成为英国皇家王宫,专门服务于皇室。现在是英国女王的官邸。白金汉宫除了皇室成员居住外,还是官方活动和女王举办招待会的场所

资本和贸易中心,西伦敦是英国王宫、首相官邸、议会和政府各部所在地。东伦敦是工业区和工人住宅区,南区是工商业和住宅混合区,港口指伦敦塔桥至泰晤士河河口之间的地区。整个大伦敦市面积为1580平方千米。伦敦受北大西洋暖流和西风影响,属温带海洋性气候,四季温差小,夏季凉爽,冬季温暖,空气湿润,多雨雾,秋冬尤甚。

伦敦是全国的政治中心,是英国王室、政府、议会以及各政党总部的所在地。威斯敏斯特宫是英国议会上、下两院的活动场所,故又称为议会大厅。议会广场南边的威斯敏斯特大教堂,1065年建成后一直是英国国王或女王加冕及王室成员举行婚礼的地方。

白金汉宫是英国王宫,坐落在西伦敦的中心区域,东接圣詹姆斯公园,西接海德公园,是英国王室成员生活和工作的地方,也是英国重大国事活动的场所。

白厅是英国政府机关所在地,首相办公室、枢密院、内政部、外交部、财政部、国防部等主要政府机构都设在这里。白厅的核心是设在唐宁街10号的首相府,它是英国历代首相的官邸。

伦敦不仅是英国的政治中心,还是许多国际组织总部的所在地,其中包括国际海事组织、国际合作社联盟、国际笔会、国际妇女同盟、社会党国际、大赦国际等。

伦敦是世界文化名城。大英博物馆建于18世纪,是世界上最大的博物馆,集中了英国和世界各国许多的古代文物。除大英博物馆外,伦敦还有著名的科学博物馆、国家画廊等文化设施。伦敦大学、皇家舞蹈学校、皇家音乐学院、皇家艺术学院和帝国理工学院等是英国的著名院校。伦敦大学成立于1836年,现设有六十多个学院。

在离伦敦城八千米的泰晤士河畔,有世界著名的格林尼治山,过去皇家天文台曾设于此。格林尼治设有地球经度的起点线,以此为起点,计算地理上的经度。伦敦其他著名的地方还有伦敦动物园、皇家植物园、特拉法加广场、牛津街、摄政街、蜡像博物馆等。

## 风流勇士——拜伦

如果能够避免的话,我永远不想再回英国来住。为什么——这是一个秘密……"

4月25日拜伦再次回伦敦,他一方面要打听他的讽刺诗的销售情形,一方面要为自己的旅费筹款。本来有一位梭布里奇先生要借给他6000英镑的,但是,因为没有谈妥,所以拜伦的行期又拖到了6月。他的讽刺诗销售情况还不错,于是,他忙着预备在第二版时增加一点内容,并且要在他出国之前把自己的名字也刊印在第二版的诗集上。

在等待的这段时间里,他到哈洛走了两趟。听说一个朋友在和人决斗时被刺死了,拜伦同情他的遗孀,就偷偷塞了500英镑在她早餐用的杯子底下,不让她知道是谁给的。

为了旅途有伴,拜伦邀请霍豪士和麦修士同行,结果只有霍豪士在与父亲经过一番争吵后决定与他同往。身无分文的霍豪士,得到拜伦的承诺(现在他的债款已达13000英镑了),愿意负担他的一切费用。

6月19日,拜伦再也无法等待了。他会同霍豪士,带着所有的仆人和行李,往法尔茅斯进发。

拜伦从法尔茅斯写信跟母亲说:

我在英国已经完蛋了——至少

※拜伦一生游历过很多地方,这对他的创作大有裨益

在我的那块土地还能卖点钱之前是如此!而且,如果情况没有改变,我将到奥地利或俄国去,甚至到土耳其去当兵——如果我喜欢的话。世界在等着我,我离开英国绝无任何遗憾!除了去拜望您和看看我的住所外,我不再回去了。

6月30日,在里斯本的一艘邮轮"伊丽莎白女王号"上,拜伦写了一封信附带有一首诗寄给霍积生,谎称船已开航,并且又遭到风暴侵袭。然而,这船一直到7月2日才开航。

他旅行的主要动机,似乎可以从他后来的一本名为《哈洛王孙游记》的诗中的第一篇找到一点暗示,而且,这首诗也忠实地记录着他旅行中所获得的一些新鲜经历和感受。

## 知识链接

### 里斯本

　　里斯本是葡萄牙共和国的首都，位于欧洲大陆的西南端。面积82平方千米。人口不到100万。里斯本北面为辛特拉山。葡萄牙最大的河流特茹河流经城市南部注入大西洋。受大西洋暖流影响，里斯本气候良好，冬不结冰，夏不炎热。全年大部分时间风和日丽，温暖如春，舒适宜人。

　　里斯本在史前时代就有人类定居。1147年，葡萄牙第一代国王阿方索一世夺取了里斯本。1245年，里斯本成为葡萄牙王国的首都和贸易中心。13世纪成为葡萄牙首都。1755年全城三分之二毁于大地震，重建后的新城呈格子状布局。城市日益扩大，兴盛时为西欧大西洋沿岸各地与地中海区域间及东西方贸易的枢纽。

　　里斯本是全国的交通枢纽，是葡萄牙第一大港。港区延伸14千米，全国60%的进出口货物在这里装卸。里斯本市内交通以汽车和地铁为主。

　　里斯本是葡萄牙的文化中心。有著名的高等学府——里斯本大学，还有高等技术学院、音乐学院、艺术学院等。里斯本国家图书馆建于1796年，是全国藏书最丰富的图书馆。里斯本还有许多博物馆。

※里斯本是葡萄牙共和国的首都，也是葡萄牙最大的海港城市

风流勇士——拜伦

## 《哈洛王孙游记》

离开法尔茅斯四天半后,他们抵达了葡萄牙的治格斯。拜伦的脑子里尽管充满了浪漫情趣,然而,他的胃却大唱反调,他晕船呕吐得很厉害。

我很喜欢这里,因为我爱吃此地的橘子,还可以讲不合文法的拉丁语,而且——我还参加他们的

※ 葡萄牙 贝伦塔

43

社交活动（身上还挂着花）。我骑的不是驴子就是骡子，用葡萄牙语发誓，而且被蚊子咬了好几个疙瘩！

两周左右过后，他们又对葡萄牙生腻了。于是，他们决定骑马到西班牙的雪维和加第士去。等仆人和行李都用船运往直布罗陀后，他们自己才上路。他们听说西班牙境内有战争在进行，更觉得这次旅行非常刺激。

抵达雪维革命军的总部所在

### 知识链接

## 葡萄牙

葡萄牙共和国，拉丁语意为"温暖的港口"，地处欧洲西南部，领土还包括大西洋上的海外领土亚速尔群岛和马德拉群岛。

葡萄牙面积约为92072平方千米。位于欧洲伊比利亚半岛西南部。东、北与西班牙毗邻，西南濒临大西洋。海岸线长800多千米。地形北高南低，多为山地和丘陵。北部是梅塞塔高原，中部山区平均海拔800米至1000米，埃什特雷拉峰海拔1991米；南部和西部分别为丘陵和沿海平原。主要河流有特茹河、杜罗河（流经境内322千米）和蒙特古河。北部属海洋性温带阔叶林气候，南部属亚热带地中海式气候。

※亚速尔群岛风光

## 风流勇士——拜伦

公元1139年,来自葡萄牙凯尔(以波尔多为中心的领地)边境的贵族阿方索·亨利克斯(阿方索一世)宣布独立,并自称第一任葡萄牙国王。

1143年,一个独立的君主制国家葡萄牙,在光复领土的战争中应运而生,并且得到了罗马教皇的承认,这是欧洲大陆上出现的第一个统一的民族国家。

葡萄牙如今的版图成型于1249年的国王阿方索三世统治时期。

1986年,葡萄牙加入欧洲共同体(也就是现在的欧盟)。现今的葡萄牙仍致力在经济上赶上其他的西欧国家。

1999年葡萄牙的经济增长率达3.5%,这几年在公共建设方面亦有颇多进展。重生的葡萄牙在后殖民地时代扮演一个全新的角色,前几年都在协助过去的殖民地安哥拉及东帝汶寻求和平。

1999年12月20日葡萄牙同意放弃最后一个殖民地——澳门,将它交还给中国。

※ 葡萄牙风光

地后,他们找不到一处住的地方,只好和两个还没有结婚的女人挤在一张小床上过夜。霍豪士不停地抱怨,可是拜伦却觉得很有趣。他在写给母亲的信中说:

这两个女人当中一个年纪比较大的,在分手时,紧紧地抱着我(我们只不过在一起三天而已!),并且剪下我和她的头发(约有三寸长)。我把她的头发寄给你,请你替我保管到我回来为止。她还说愿意分给我一个房间居住,但是我的"原则"使我婉拒了她。

拜伦对西班牙颇有好感,他写信告诉霍积生说:

这里的马很棒——我们每天大约要骑上七英里;我们只能吃到蛋和酒,睡在硬板床上,……不过,我的健康状况比在英国时好得多了!

后来他在写《唐璜》时,说雪维(唐璜的出生地)是"让人感到愉快的一个城市,以橘子和女人著名……"

到了加第士,他被壮丽雄伟的斗牛场所吸引,在他所写的《哈洛

※ 诗人拜伦的签名

## 风流勇士——拜伦

王孙游记》一书中,曾用十一行的诗来描述。不过,他对这种残忍的斗牛表演产生反感,特别是看到牛被刺死前那种挣扎跳跃的情形。

他在信中对霍积生说:"加第士这个城市,我相信是全欧洲最美最干净的了!比较起来,伦敦真脏。"在离开加第士时,他还和一位西班牙海军上将的女儿有过"一面之缘"。

他写了一首"加第士的女孩"的诗,来纪念这件事:

英国少女难追得,
追到才知太呆板,
纵有花容与月貌,
嘴儿不甜太没趣。
唯有西班牙女孩,
既是多情又漂亮。

然而,拜伦又私下向人表示:"西班牙的少女真是迷人,不过她们只想一件事……"

拜伦一行人等行李从葡萄牙运到后,立即搭乘往马耳他的船。8月15日,当他们从直布罗陀起航以后,有一个乘客的记录上说:"霍豪士很快地和船上的乘客打成一片,拜伦却因为要保持自己的身份而远远地离开人群……"三天后,拜伦虽然白天也和船上的乘客交往,但到夜晚以后,却是郁郁寡

※ 马耳他

47

欢。原来，他所喜欢的一个男仆罗勃·罗士敦已经离他而去了。

拜伦在离开英国前曾手拟了一份遗嘱，吩咐要在自己死后付给罗士敦每年25英镑（如果老管家乔·慕雷死了，亦增加25英镑给他）。

这篇十分凄惨的遗嘱中，他还写着：愿意将他的图书馆送给好友克雷，所有的土地财产给霍豪士和韩生先生，每年500英镑给他母亲。并且他希望死后能埋葬在纽斯德庄园的地下墓穴里；而且不愿意太铺张，墓碑上只要刻上死亡日期和他的名字的缩写便够了；当他的墓碑竖立在那里的时候，也不准把他的爱犬的墓碑移走——立在他的旁边就好。

到了马耳他，拜伦遇到了一位美丽的贵妇康丝姐·史班赛·史密斯。她是奥国驻康士坦丁堡大使的女儿，已嫁给一位英国驻港口的大臣。因为她的丈夫很崇拜拿破仑，所以常常必须要躲开政治的纠纷。

拜伦从未与社会地位相当的女人交往过（在英国，他只和乡下姑娘、芭蕾舞娘、女仆有过风流韵事），和史密斯夫人这样的女人交往算是头一回。

霍豪士以为拜伦又逢场作戏，然而拜伦在给朋友的信中却透露：

> 在1809年的秋天，我在地中海被一份永恒的热情所捕捉……本来我们要私奔，然而，被法国军人破坏了一切……她要我再等她一年，我告诉她，现在就是时候……

9月19日，拜伦和霍豪士趁着有一艘英国战舰要护送商船到巴翠士和匹维莎之便，搭乘这艘战舰前往希腊。战舰乘风破浪而行，越接近希腊，拜伦的心中越感兴奋。当战舰要在巴翠士停泊片刻时，拜伦为了踏一踏他所向往的希腊土地，还下船来和霍豪士一起在岸上练枪法。船继续开往匹维莎，途中，他们看到北方有一个小镇——麦索隆基，命运之神似乎已为拜伦安排了他十五年后的葬身之所，而拜伦当时却不知道他所看到的是什么。

## 知识链接

### 希 腊

希腊共和国。

**自然地理**：面积约13.2万平方千米，位于巴尔干半岛最南端。三面环水，西南濒爱奥尼亚海，东临爱琴海，南隔地中海与非洲大陆相望。境内多半岛、岛屿，最大半岛为伯罗奔尼撒半岛，最大岛屿是克

风流勇士——**拜伦**

里特岛。境内多山,奥林匹斯山在希腊神话中被认为是诸神寓居之所。海拔2917米,是全国最高峰。属亚热带地中海型气候,冬温湿,夏干热。平均气温冬季6—13℃,夏季23—33℃。年平均降水量400—1000毫米。

人口:1110.39万(2005年6月)。其中98%以上是希腊人,外来移民超过100万,来自阿尔巴尼亚的移民最多。官方语言为希腊语,东正教为国教。

首都雅典(Athens):人口370万,年最高气温33℃,最低气温6℃。

简史:希腊是欧洲文明的发祥地,创造过灿烂的古代文化,在音乐、数学、哲学、文学、建筑、雕刻等方面都曾取得过巨大成就。公元前2800至前1400年,克里特岛和伯罗奔尼撒半岛先后出现了米诺斯文化和迈锡尼文化。公元前800年形成了数以百计的独立城邦。雅典、斯巴达、底比斯等是其中最发达的城邦。公元前5世纪为希腊鼎盛时期。1460年遭奥斯曼帝国统治。1821年3月25日希腊爆发反土侵略军的独立战争,同时宣布独立。1829年9月24日,土军全部撤出希腊。第二次世界大战期间,希腊被德、意军占领。1944年全国解放,恢复独立。1946年国王复位。1967年4月军人发动政变,建立了军人独裁政权。1973年6月废黜国王,确立共和制。1974年7月军政府垮台;11月举行议会选举,新民主党获胜并执政;12月举行公民投票,确立国家政体为共和制。

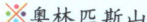
※奥林匹斯山

丰厚的文化底蕴、旖旎的自然风光使希腊的旅游资源得天独厚。这里有一万五千多千米漫长而曲折的海岸线，港湾交错，风光迷人。三千多个岛屿星罗棋布，宛如璀璨的珍珠镶嵌在蔚蓝的爱琴海和地中海上。这里阳光明媚充足，海滩沙软潮平，吸引着世界各地的游人。

数不胜数的名胜古迹是希腊一道亮丽的人文景观。雅典卫城、德尔菲太阳神殿、奥林匹亚古运动场遗址、克里特岛迷宫、埃皮达夫罗斯露天剧场、提洛岛上的阿波罗宗教城、维尔吉纳马其顿王墓、圣山等，使人流连忘返。漫步其间，人们会有置身于神话世界，回到荷马史诗时代之感。

文化：城邦的繁荣催生出希腊璀璨的古代文化，使古希腊文化在世界文化艺术殿堂中熠熠生辉。无论是在音乐、数学、哲学、文学，还是在建筑、雕刻等方面，希腊人都曾取得巨大成就。不朽的《荷马史诗》，众多的文化伟人，诸如喜剧作家阿里斯托芬，悲剧作家埃斯库罗斯、索福克勒斯、欧里庇得斯，哲学家苏格拉底、柏拉图，数学家毕达哥拉斯、欧几里得，雕塑家菲迪亚斯等。希腊还是奥林匹克运动会的发源地。

※雅典卫城前门

风流勇士——拜伦

### 知识链接

## 古 希 腊

古希腊的地理范围,除了现在的希腊半岛外,还包括整个爱琴海区域和北面的马其顿和色雷斯,亚平宁半岛和小亚细亚等地。公元前5、6世纪,特别是希波战争以后,经济生活高度繁荣,产生了光辉灿烂的希腊文化,对后世有着深远的影响。古希腊人在文学、戏剧、雕塑、建筑、哲学、自然科学等诸多方面有很深的造诣。这一文明遗产在古希腊灭亡后,被古罗马人破坏性地延续下去,从而成为整个西方文明的精神源泉。

早在古希腊文明兴起之前约八百年,爱琴海地区就孕育了灿烂的克里特文明和麦锡尼文明。大约在公元前1200年,多利亚人的入侵毁灭了麦锡尼文明,希腊历史进入所谓"黑暗时代"。因为对这一时期的了解主要来自《荷马史诗》,所以又称"荷马时代"。在荷马时代末期,铁器得到推广,取代了青铜器;海上贸易也重新发达,新的城邦国家纷纷建立。希腊人使用腓尼基字母创造了自己的文字,并于公元前776年召开了第一次奥林匹克运动会。奥林匹克运动会的召开标志着古希腊文明进入了兴盛时期。公元前750年左右,随着人口增长,希腊人开始向外殖民。

古希腊神话是原始氏族社会的精神产物,是古希腊人集体创造的,也是西方世界最早的文学形式,大约产生于公元前8世纪以前。它在希腊原始初民长期口耳相传的基础上形成基本规模,后在荷马、赫西俄德等人的作品中得到充分反映。它产生和反映的地理位置是西起希腊半岛,东至小亚细亚半岛,南到克里特岛的广大爱琴海地区。希腊神话是一个广阔浩繁的系统,支脉派系庞杂,传说故事众多,并不完全一致。但它具有明显的家族色彩,包孕着一条血缘的纽带,存在一个基本脉络,大体可分为神的故事和英雄传说两大部分。

希腊神话是在漫长的历史时期内逐渐形成的,神的性格和职责以及故事情节都有发展变化。可以说古希腊神话是整个西方文学的源头,后世几乎所有的作家都曾从古老的神话中汲取养分。

拜伦他们到达匹维莎时，当地正下着大雨，霍豪士对这块阿尔巴尼亚人的土地没有多大的好感，等天气放晴了以后，他们便动身往杰尼那前进（希腊名为：爱奥尼亚，当时是占领阿尔巴尼亚的阿里·巴夏的首府）。拜伦和往常一样，又是大箱小箱地起程了。

10月5日，他们终于到了杰尼邦（在品度山的山脚下，风景十分美丽），一进城就看到一个手臂和半个身子被砍断的人，悬挂在一棵树上。等他们向驻在当地的英国军官里克上校报到时，他们很惊讶地发现，有人已知道他们要来的消息，并且安排他们住在一个会说意大利语的希腊人尼可洛家里，随后，又安排他们去见阿里·巴夏。等候见阿里·巴夏的数天之内，拜伦在当地的裁缝店订制了一套阿尔巴尼亚人的服装。数天后的一个日落时分，他们终于被引领去见阿里·巴夏。这时，阿里·巴夏刚征服了希腊的西部（从哥林斯湾到中阿尔巴尼亚）。阿里·巴夏对拜伦一行格外客气，也许是他刚获得消息，说英国军队从法国军队手中夺下邻近好几个岛屿的关系吧。然而，拜伦却认为是他的爵爷地位使他受到了礼遇！穿着全套阿尔巴尼亚服装的拜伦，被阿里·巴夏的风采所吸引。

阿里·巴夏是一个残酷的统治者，他的残酷，后来出现在拜伦的《东方传奇中的一位性情浪漫的恶霸》一书中。

拜伦告诉他的母亲：

*阿里·巴夏在一间铺满大理石的大屋子里接见我。屋子中间有一座喷泉，四面都挂满了缎子帐幕，他站着迎接我，这是回教徒至高的礼节，然后要我在他的右边。……他说他可以看出我是一位有身份地位的贵族，因为我有小小的耳朵，卷卷的头发，细细的手指。他也表*

※拜伦身着阿尔巴尼亚服装的画像

※ 胜利女神，希腊化时代的代表

示非常欣赏我的装扮，他叫我把他当成自己的父亲，因为他对我就像对自己的亲生儿子一样。

事实果真不错，他真的把我当个小孩一样。一天二十几次送杏仁、糖果、水果来给我。而且，晚上他有空的时候，还常常叫我去拜访他。

10月底左右，拜伦带着阿里·巴夏的祝福，和一位阿尔巴尼亚人瓦士力（后来一直很忠心地跟随他）离开了阿里·巴夏的辖区。

在这一次旅途中，他开始作一首自传式的诗，诗的内容在描述他自己的冒险和回顾，运用史宾塞的诗体结构。他本来将此书定名为《查德·伯南的游记》，后来又改名为《哈洛王孙游记》。以后，每次在旅途中休息时，他就不断地添加这本书的内容。

逐渐适应了东方旅行的拜伦，在11月3日，又带着仆从和霍豪士搭乘阿里·巴夏暂借给他们乘坐的一艘舰艇。可是，阿里·巴夏的人却没有一个会开船，海上风浪很大，拜伦描述那时的情形：

一个乘客跟着妻子大声地叫着，希腊人向所有的神祈求，回教徒拼命叫阿拉，船长大哭起来，在甲板下没命地乱跑；帆裂开了，主桅也摇摇晃晃；夜深了，一片漆黑……我披上阿尔巴尼亚的斗篷，躺在甲板上静待情况的发展。幸好，有几个在船上的希腊人控制了大势，船才在苏利的一个地方抛下锚。

他们决定不再信任阿里·巴夏的船员，而愿意冒着被强盗抢劫的危险走山路到麦索隆基。随行的还有五十名阿里·巴夏派来的卫兵，他们吃着烤羊肉，围着火唱着阿尔巴尼亚的民歌，翩然起舞。这些从前是强盗的卫兵，给拜伦带来不少写诗的灵感，自然，他们也被放在拜伦的游记里了。

他们终于在11月20日抵达麦索隆基。这是个"貌不惊人"的城市，而拜伦在诗或信中，一次也没有提起过这块后来成为他安眠之所的土地。

拜伦雇用了一个会说当地语言的希腊人安得力，然后渡过哥林斯海湾，经过了种满橄榄树的山谷，到了卡斯屈（古代希腊神庙特耳菲的所在地）。虽然当时仍有一些古希腊神庙和剧场尚未被挖掘出来，但是，他们看到了卡士底里安泉，在古希腊体育场的旧址看到了巴拿及亚修道院，还在入口的圆柱上刻上了自己的姓名。

圣诞节傍晚，拜伦等一行人穿过了橄榄树丛，到了他梦寐以求、渴想一见的雅典。但是，当地并没有旅馆或歇脚的地方，所以他们只好借住在打西亚·麦可莉太太——一位希腊驻英领事的遗孀家。

当时的雅典有一万名左右的土

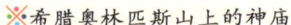
※希腊奥林匹斯山上的神庙

## 风流勇士——拜伦

耳其人,希腊人和阿尔巴尼亚人则混居在有一万多栋的房屋里,这是四面以围墙围住的城市。拜伦到了雅典,第一个愿望是想遍访雅典的古迹。

花了三周左右的时间,他们已把雅典周围的古迹浏览完毕。

说实在的,拜伦对这些古迹除了伤感外,还非常失望。我们可以从他的《哈洛王孙游记》一书中的第二篇前文中,看出这种情绪。他为以前那些美好的东西,如今逐渐地失去它吸引人的特质而惋惜!他面对着"雅典娜女神"询问道:

你那坚强的勇士特质何处去了?
勇敢的战士为何失去了踪影?
逝去的——仿佛昙花一现……

直到有一次拜伦和一位英国贵族雇用的意大利画家,一起去看一批即将被运回英国当作绘画资料的石雕像时,他才感受到希腊文化的博大精深。于是,他立即兴起要保卫这些希腊文化财产、严厉地谴责那些自私贵族的念头。无疑的,他这种关怀、保护艺术文化的热忱,在拥护希腊独立运动的人们心目中产生了很大影响。他们对拜伦有着英雄式的崇拜。拜伦似乎也预知日后希腊人必定能光复失地,保全自己宝贵的文化遗产。(1924年,哈洛·尼克逊曾呼吁大英博物馆归还当年从希腊运往英国的石雕。)

拜伦二十二岁生日的那天,终于看到了帕特农神庙的伟大景观:那耸立在悬崖峭壁上的神庙,下面

※ 美丽的希腊风光

## 知识链接

### 雅 典

　　雅典是世界上最古老的城市之一，有记载的历史就长达三千多年。现在雅典是欧洲第八大城市。雅典是希腊的首都，是希腊经济、财政、工业、政治和文化中心，也是欧盟商业中心之一。它的市区人口有330万人，加上郊区人口总共有380万人。城市的面积为39平方千米，加上郊区为412平方千米。

　　雅典位于希腊半岛东南的阿蒂卡平原。西北和南面临科林斯湾和萨罗尼克湾。东北西三面山地环抱，山麓地带接近城市边缘。

　　雅典的气候条件：雅典属于典型的地中海气候，7月和8月是一年中最炎热的季节，奥运会举行的8月份的白天平均温度为29℃—35℃。温度最高时甚至可连续数日达到40℃。8月份的平均湿度为47％，是一年中最干燥的时期，月

※希腊火山岛

## 风流勇士——拜伦

降雨量仅7mm。此期间的风力会达到7级，风向通常为北风。

拥有三千多年建城历史的雅典，历史遗迹非常丰富。古代雅典是西方文化的源泉，雅典人对艺术、哲学、法律、科学做出了杰出的贡献。

据说雅典是以传说的历史故事中的智慧女神雅典娜的名字命名的。整个市区的东北部是政治文化区，西南及港口一带是工商业区。

雅典位于东地中海各国航运与航空中心。外港比雷埃夫斯海轮云集，几乎全国的对外贸易都在此进出。城市饮水则由远自东北的马拉松水库供应，那里有世界少见的大理石水坝。雅典是希腊的古文物中心，至今仍保存着很多古代文化遗址，雅典的博物馆世界驰名。山海掩映、阳光璀璨，每年有七百多万世界各地的游客慕名前往。

雅典的著名景点有：希腊民俗艺术博物馆、希腊国立考古博物馆、无名战士纪念碑、卫城、哈德良拱门、古安哥拉遗址、奥尼索斯剧场、贝纳基博物馆、拜占庭博物馆、奥林匹亚宙斯神殿。

古雅典是一个强大的城邦，是驰名世界的文化古城。希腊是哲学的发源地，是柏拉图学院和亚里士多德讲学场所的所在地。苏格拉底、希罗多德、伯里克利、索福克勒斯、阿里斯托芬、欧里庇得斯、埃斯库罗斯，以及其他著名的哲学家、政治家和文学家都在雅典诞生或居住过，雅典也因此被称作"西方文明的摇篮"和民主的起源地。公元前5世纪和4世纪，雅典在文化和政治上的成就对欧洲及世界文化产生重大影响。

雅典至今仍保留了很多历史遗迹和大量的艺术作品，其中最著名的是雅典卫城的帕特农神庙，是西方文化的象征。

雅典是奥运会起源的地方，1896年曾举办过第一届夏季奥运会。2004年，第二十八届夏季奥林匹克运动会也是在雅典举行的。

※希腊古安哥拉遗址景区

就是蔚蓝的海水以及碧绿的草原。

他下一个目标是要去看公元前490年雅典人击败入侵的波斯人的古战场——马拉松平原。拜伦也作了诗来纪念：

山，俯视着马拉松，
马拉松，面对着海。
我在这里沉思静坐，
思忖着——
希腊将有独立的一天！

拜伦对当时的希腊人印象极佳，在麦可莉太太家也常常有舞会交际的机会。麦可莉太太的三个美丽女儿中，拜伦尤其喜爱最小的女儿泰莉莎，他对她的感情，使他能够从康丝妲·史班赛的爱情中稍微获得喘息的机会，他说："（史班赛夫人）迷符已解除，不再吸引我了！"

尽管拜伦喜欢希腊的一切，但他没有忘记要去波斯和印度的决定。于是很快他便和霍豪士整理行装，准备再次出发。也许他还有点舍不得离开那位可爱的希腊少女吧，所以在离开之前，还写了一首诗：

可爱的雅典少女，
在我们分手前，
哦，还给我——
把我的一颗心还给我吧！

拜伦从来没有像这样依恋难舍地离开一个地方，也从没有发觉过令他这么喜欢停留下来，而不想离开的地方。离开雅典时，他正被一股浓浓的离愁侵扰着。

虽然他曾不客气地批评希腊人，但却并未减少他对这个民族的敬佩。他说："我喜欢希腊人。虽然他们在异族的侵略下变得非常懦弱，失去了奋斗的勇气，可是，他们中的很多人还是勇敢的。而且，每个希腊人都是美丽的……"

※希腊克里特岛

风流勇士——**拜伦**

## 对东方人的看法

**拜**伦一行到了士每那,就暂住在当地英国领事的家中,等待去君士坦丁堡的机会。此时的拜伦似乎对前途感到彷徨,他写信给母亲说:"我越走越远,就越来越懒,每天都昏昏沉沉的!"其实拜伦之所以如此,一方面是由于他终日回想着过去的事,另一方面是由于东方的气候,以及他们缓慢的生活步调对他所产生的影响。事实上他并未像他信中所描述的那么懒散,因为,他一直在写《哈洛王孙游记》。

他对东方人的看法是:

> 我觉得他们和土耳其人并无多大分别,他们穿长袍我们穿短衣;我们爱说话他们比较沉默,仅如此而已……

除了报道这些旅行中所见的新奇事物外,拜伦还写下了对自己的期望:

> 我们在国外已将近一年了,我也希望在这些绿意盎然的地方,多看看那些与国内不一样的景色……等我回去后,希望你会发觉我和以

※君士坦丁堡的教堂建筑

### 知识链接

## 君士坦丁堡

君士坦丁堡是伊斯坦布尔的古称，曾是东罗马帝国（拜占庭帝国）的首都。

君士坦丁堡位于巴尔干半岛东端，临博斯普鲁斯海峡，扼黑海门户，当欧、亚交通要冲，战略地位十分重要。是古希腊的移民城市，称拜占庭，公元前660年为希腊人所建。但是在君士坦丁之前的罗马帝国时代，它却一直未受到应有的重视。罗马帝国皇帝君士坦丁大帝重建并扩建了拜占庭，并于公元330年宣布迁都拜占庭，改名为君士坦丁堡，意谓"君士坦丁之城"，别称"新罗马"。从此，这个城市开始了它辉煌的千年历史，君士坦丁的名字与这个城市融为一体，直到1453年。

公元395年，东西罗马帝国正式分裂，君士坦丁堡作为东罗马帝国（拜占庭帝国）首都，成为地中海东部政治、经济、文化中心。君士坦丁堡1453年4月初被土耳其的军队围困，5月29日穆罕默德二世的军队攻入城内，君士坦丁堡陷落，东罗马帝国（拜占庭帝国）灭亡。君士坦丁堡为奥斯曼帝国占领，并成为奥斯曼帝国首都，更名为伊斯坦布尔，直到1922年。

※巴尔干半岛一角

## 风流勇士——拜伦

前已不相同——不是体型方面，而是态度、气质方面的改变。因为，我开始了解：在这世界上，只有本着"道德"而为，才行得通……我希望回去以后，能远离那些使我败坏的朋友、酒和荒淫，专心在政治和社交方面去求发展……

1811年5月13日的下午2点，他们从烟雾中看到处处都是回教寺的尖塔和柏树的君士坦丁堡。第二天中午，他们登岸并经过苏丹王的宫墙。他们还在墙外看到两只狗在噬咬一具死尸。然后，他们到英国驻君士坦丁堡大使罗勃·艾·耳家去。

拜伦对土耳其没有多大好感，他极端厌恶土耳其的草菅人命和独裁的政府。而且，比较起来，在希腊时他们还能与当地人来往，可是，在土耳其却没有一点机会。虽然土耳其的苏丹王也邀请他们去参加王宫的宴会，但拜伦觉得似乎并没有像在阿里·巴夏的王宫那样受到重视。不过，据当时另一位英国人说："苏丹王对这位英俊的英国贵族，似乎有极大的兴趣！"

7月14日，拜伦再度回到雅典，虽然此时雅典的气候十分炎热，但拜伦还是觉得比在土耳其愉快多了。他回到麦可莉太太家，但却发现一切都改变了，于是他把所有的行李和家仆都迁往卡布钦修道院，因为麦可莉太太拼命要把女儿泰莉莎嫁给他（泰莉莎后来嫁给了布列克先生，她曾因在拜伦的诗中被称为"雅典的女郎"而名噪一时）。

有些证据显示，拜伦此时恢复在伦敦的那种放纵情欲的日子，原因也和以前大致相同——无法获得绝对完美的爱情，也不期盼再去追求，而且对自己的前途（不能符合他幼年时的梦想）感到灰心丧气。

他曾对霍豪士表示：

我的生命，除了片刻的时间之外，只是无聊、无聊………我也出来看过了这世界最古老的部分。我浪费了生命，也享尽了各种荣华富贵，现在，我已没有什么企盼。也许，我正考虑用什么方法能走出这个世界……我希望能找到使苏格拉

### 知识链接

**雅典的女郎**

——拜伦

趁我们还没分手的时光，
还我的心来，雅典的女郎！
不必了，心既已离开我胸口，你就留着吧，把别的也拿走！

我临行立下了誓言,请听:
我爱你呵,你是我生命!
凭着你那些松散的发辫——
爱琴海的清风将它们眷恋,
凭着你眼皮——那乌黑的眼睫
亲吻你颊上嫣红的光泽:
凭着你小鹿般迷人的眼睛,
我爱你呵,你是我生命!
凭着我痴情渴慕的红唇,
凭着那丝带紧束的腰身,
凭着定情花——它们的暗喻

胜过了人间的千言万语;
凭着爱情的欢乐和酸辛:
我爱你呵,你是我生命!
我可真走了,雅典的女郎!
怀念我吧,在孤寂的时光!
我身向伊斯坦布尔飞奔,
雅典却拘留了我的心魂,
我能够不爱你吗?不能!
我爱你呵,你是我生命!

1810年,雅典

底致命的那种毒草……

他写给母亲的信中却说:"我的经历足以使我成为世界公民……"另一方面,拜伦心中却酝酿着一种新的思想——他极盼望希腊能成为一个独立的民主国家。他仔细观察过人民的情形后表示:"……希腊人并没有失去希望,只是,他们意见分歧太大了!"

在《哈洛王孙游记》一书中,他写着:

雅典——除了这个名字具有魅力外,凡是喜欢艺术和自然的人,都会尊崇这个地方。这里的气候,至少对我来说代表着永恒的春天。雨很少,雪也不曾覆盖过平原,偶尔的阴沉天气还颇令人满意。

当然,拜伦所谓的"气候",自然不仅指天气而已,也包括了人民、土地、风俗等,事实上,也是指当地人的一些生活方式。而且,只有在当地生活过一段时期的人,才能了解他所谓的"气候"是怎样一回事。对于来自寒冷以及浓雾密布的英伦的他来说,晴朗、阳光普照、绿意盎然的希腊,可说是东方风土人情的一种象征。

他曾说过:"如果我是一个诗人……希腊的空气就是使我成为诗人的原因……"

风流勇士——**拜伦**

## 回到英国

**1811**年的春天，由于种种因素，他不得不考虑回英国，他的健康情形也是其中的一个原因。7月14日，是他从法尔茅斯离开英国后的两年又十二天，他再度回到了英国土地。当初他离开英国，曾假设自己成为一个世界公民后的种种情况，而这次的旅行，不但证实了他的想法，并且也帮助他观察到"这个又挤又小的岛屿（指英国）"的人们的偏见和执著。这是运用他"对其他国人的生活方式和经历的认识"来下断言的。

拜伦回国后，就忙于办理一些事务和会见朋友，旅途中的忧郁也跟着一扫而空。

经由朋友的介绍，拜伦同意将自己的诗集委托给舰队街32号的约翰·马雷出版，然而，拜伦仍不愿意让自己的名字刊在上面。在1811年之时，马雷就以自己的判断力和进取精神，成为一位著名出版家了。他联系了许多当代名家的作品，为他们出版。

拜伦一面进行出版诗集的工作，一面处理债务。然而，不可想象的是：他的欠债却越还越多。

1811年8月1日左右，他突然得到母亲生病的消息，不得不放下一切。不过他却没有立即回纽斯德去，一方面是因为和父亲有相同的想法，认为和母亲"保持一些距离"比较能够相处；另一个原因是，他必须向韩生先生借40英镑，始能成行（因为他已身无分文)。不料,动身前却有仆人来通报说:他母亲已经逝世了。

当时,拜伦并没有很强烈的反应,但是,回到纽斯德后,一种失落的感觉立即侵袭着他。一个女仆发现他在阴暗的屋子里,面对母亲的遗物深深地叹息。他哭泣着说:"啊!妈妈,您是我在世上仅有的一个真正朋友,可是,您却已经去了!"

拜伦在整理母亲的遗物时发现,母亲收集了许多有关批评他诗集的资料和诗集出版的广告,在这些资料旁边还有母亲所做的评论。从这些资料中可以证明她当时必定为儿子的成就感到非常骄傲。

为了填补这份空虚,他又将精力放到诗集的出版上去。马雷先生对出版他的诗集有两点要求:一、《哈洛王孙游记》中,有一些宗教观念与当时的情况不符合,必须修改。二、作者的名字必须印在诗集上。

对于第一点,拜伦做了某种程度的让步,他将诗中所提到的宗教方面死后的永恒,改为"假设"语气:

> 然而,如果基督教徒果真相信,
> 在那黑色的平原以上,
> 有一个灵魂的天堂……

至于第二点,拜伦觉得那样会揭露出他心里太多的秘密,况且,他担心早期对他的讽刺作品不能接纳的批评家,可能又要对他的诗集加以抨击了。另外,他也逐渐了解,人们必定会追究这书中主角所影射者为谁,因此,他不太情愿接受马雷先生的第二点建议。

这时候,他突然听说他在剑桥时所喜欢的那个合唱团的男孩艾德斯敦,早在5月时就已经去世了。他的忧伤除了寄情诗集外,也只能向好友霍豪士吐露心声了:"现在我的情绪非常坏!也不知道怎么说,你记得在剑桥时的艾德斯敦吗?他死了——在5月的时候……"最后,他为了纪念艾德斯敦,就在《哈洛王孙游记》一书中,补写了几行诗:

> 哎,你——
> 你的爱和生命一并飞逸,
> 也同时带走了我的爱和生的意义!

有一件事情恰巧在此时发生,帮助他脱离了悲痛的阴影:一位爱尔兰的名作家汤姆士·摩尔(也就是在拜伦的作品《英国诗人和苏格兰的评论家》一书中,被批评为"没有道德"的这位作家)因为气不过拜伦对他的批评,向拜伦下了挑战书,可是,这封信却被别人藏了起来。

摩尔听说拜伦已回到英国，于是又写了第二封信，但是因为自己刚结婚，所以只表示，如果拜伦能有合理的解释，那么，他愿意与拜伦见见面，认识认识。经过书信往返商议后，他们俩决定在另一位作家，也是摩尔的好友罗杰士的家中会面。

这次的会面出乎意料地融洽。拜伦除了见到摩尔的庐山真面目外，还有幸认识了当时他所推崇的作者，如汤姆士·坎培尔以及吉福等人。而这些作家也对拜伦的外貌和彬彬有礼、谦恭的态度，留下了深刻的印象。

不过，当日还是出现了一些尴尬的场面，因为拜伦正在节食，对他们所预备的点心饮料等，一点也不能进口，而罗杰士一时又拿不出拜伦所能吃的东西，于是拜伦只好将马铃薯捣碎了蘸着醋吃起来。等到话题转向文学题目时，尴尬的场面就自然化解了。拜伦也从此和这些作家们结为朋友，而摩尔在拜伦向他保证对他并无敌意后，也与拜伦结为莫逆之交。

虽然拜伦也想在文学上有所发展，可是他真正的目标却是要在国会中崭露头角，这也是他到东方去旅行的原因之一。可是，他虽对一些基本的人权有些认识，并且也有充分的信心能在国会上滔滔不绝地发言，不过，他对实际的议会程序和众人所关心的议案却没有深刻的了解。同时，他也面对着一种矛盾的情况——他的好友如霍豪士、戴维士等都是平民，拜伦既同情平民的处境，也忘不了他在成为贵族以前的一些经历。然而，身为一个贵族，他还是向往能得到同等社会阶级者的认同。

由于罗杰士和摩尔的提携，拜伦在伦敦的文学界逐渐有名起来。他也深深了解，自己当时所写的文学批评，确是年轻气盛、冲动并充满了主观的意识。

现在他的名声似乎与《哈洛王孙游记》离不开关系了。本来这本书是预定3月1日（1812年）出版的，可是马雷却故弄玄虚，将它拖到10日左右，而在这期间，还大登广告并制造新闻。正式发售后，还不到三天的工夫，第一版发行的（四开本）五百本书竟销售一空，而拜伦也在一觉醒来时，发觉自己已经成名了。

《哈洛王孙游记》是拜伦的代表作。在他的长诗里，塑造了一批"拜伦式的英雄"。这种英雄的特征是孤傲、狂然、浪漫，却充满了反抗精神。他们的内心充满了孤独与苦闷，却又蔑视群小。哈洛王孙是拜伦诗歌中第一个"拜伦式的英雄"。

## 盛名之累

**在**伦敦的社交圈有一位活泼大方，但性情却反复无常的名女人叫卡洛琳·兰姆。她在七年前嫁给墨尔本爵士的第二个儿子，并且已生了一子。她极富青春活力，并且十分敏感，虽然已经结婚生子，可是仍保有少女的纯洁和天真气息；她没有受过什么正式教育，但却天生聪慧，能写诗也会作画。她久闻拜伦的名声，十分仰慕，但苦无见面的机会。

有一天，罗杰士到她家去拜访，递给她一本《哈洛王孙游记》，并且说："你应该认识这位新的诗人！"不过，罗杰士又警告她说："这个人不但脚跛，还常咬自己的手指……"但是卡洛琳读过拜伦的书以后，说："即使他像伊索寓言的作者那样丑陋，我也想认识他。"

可是，她第一次见到拜伦时，却不肯上前去与他谈话。可能是因为当时已有一群妇女包围着拜伦，所以她不愿意和她们一样去逢迎吧。

正由于她不愿去趋奉拜伦，反而引起拜伦对她的兴趣。因此，不久后（可能是她的主意），她终于在厚兰夫人家中和拜伦初次结识了。对拜伦来说，这是一种新鲜的经历，因为以前在他身边包围着的，尽是一些社会地位比他低，仰慕他、奉承他的女人，而现在他却面对着一位社会地位相等，知识又相当的社交界名女人。这对他来说，实在非常

## 风流勇士——拜伦

地刺激。而卡洛琳呢?她已完全被拜伦的风采所迷惑了。

根据罗杰士的记载:"……她向拜伦保证,如果他需要金钱的支助,她所有的珠宝都可以任他取用。而且,如果拜伦去参加她未被邀请的宴会,她甚至愿意在街角等候拜伦,直到宴会结束。"罗杰士很感慨地说:"年轻,加上有诗人的头衔和爵位,还有到过希腊的浪漫经历,使得世界上很多人都为哈洛王孙——拜伦而疯狂。"

拜伦第二次赴卡洛琳的约会时,见到卡洛琳的一个从乡下来的表妹安娜贝拉·密尔便克。可能当时拜伦曾十分注意她,因而引起了卡洛琳的嫉妒。这个乡下来的姑娘暗恋拜伦已有很长一段时间了,她很天真地把自己的习作诗交给卡洛琳,托她转给拜伦,请拜伦指导。

卡洛琳将安娜贝拉的诗交给拜伦时,心中以为拜伦不会有什么反应。不料拜伦却坦白地向卡洛琳表达了他的看法——她的确是一个很特别的女孩,真意想不到,在她那单纯的面貌下居然会有这种坚强而又丰富的思想。不过,我却没有想和她见面认识的欲望!……她太纯洁、太完美、太好了!我这个"灵魂堕落"的人,不值得她认识……

卡洛琳自然不会把拜伦的话转告给安娜贝拉。在失望之余,安娜贝拉离开了伦敦。

拜伦和卡洛琳的爱情是两者个性强烈、自以为是的冲击使然。这段缠绵而波折起伏的爱情,自始至终造成两个人刻骨铭心的痛苦记忆。有时拜伦硬逼着卡洛琳承认——她爱他甚于爱自己的丈夫。甚至,有一次为了要检验卡洛琳是不是对他真心,而向她提出私奔的要求。或许他明知卡洛琳绝对没有勇气离开她现有的舒适环境,也或许他只是要试试看,卡洛琳是否会离开她的丈夫与儿子。

除了和卡洛琳的恋情,拜伦还收到一大堆倾慕他的女人写来的信。有的想要帮助他改变信仰,有

※拜伦的寝室

的要拜伦对她的诗下评语，有的甚至自作多情地以为他诗中所写的女人就是影射她的。拜伦在这时候，与卡洛琳的六十二岁婆婆墨尔本夫人（年轻时非常漂亮，现在仍风韵犹存）成为知心好友，以后和她无所不谈，毫无隐瞒。

当拜伦和卡洛琳的关系达到某一高潮后，拜伦想要"急流勇退"，但却不知如何是好。他想退出的原因之一，是卡洛琳处处想操纵他，使他感到十分受不了。正巧这个时候，拜伦因为参加一个自由派的贵族团体，认识了另一位活泼的牛津夫人。因为这位夫人的关系，拜伦还有幸见到英国的王子。

7月底，拜伦和卡洛琳的关系已显出僵持的状态，他又因为拒绝去见卡洛琳而激怒了她。因此，在7月29日的中午，卡洛琳改了装扮进入拜伦家中，尽管霍豪士对她好言相劝（其他的仆人们已认出"她"是谁了），可是，卡洛琳却拿出刀来想以自杀威胁拜伦。拜伦夺下刀后，霍豪士接着把她劝到别的房间去，让她更换衣服，再用马车送她到朋友家，这样才算结束了这一幕闹剧。

从表面上看来，他们两人的关系似乎已经告一段落了，然而事实上，卡洛琳仍旧为拜伦痴狂如昔。她的家人为了避免流言蜚语而将她带到爱尔兰去。自然，拜伦曾写了一封文情并茂能满足她欲望的送别信给她。

自从爱他如痴如狂的卡洛琳离去后，拜伦的生活总算恢复了平静。至于他是否对卡洛琳已经忘情，连拜伦的心腹好友——墨尔本夫人也不肯透露。墨尔本夫人为了平息他和卡洛琳之间的风风雨雨，曾努力促使她的侄女——安娜贝拉和拜伦认识。因为她以为：若是拜伦能有一位贤惠的妻子就不至于再和卡洛琳纠缠不清了。拜伦接受了墨尔本夫人的建议，果真向安娜贝拉求婚，大出所料，竟遭到安娜贝拉的拒绝，于是，拜伦只好一笑置之。

这时候，成熟而稳重的牛津夫人（和敏感而歇斯底里的卡洛琳刚好相反），又吸引了拜伦的注意（拜伦自己也承认，他必须经常"心有所属"才能快乐）。因此，他又成了牛津夫人的座上客。

拜伦回顾自他出了名以后的这一年，发觉只有目前的状况最令他满意。

在年终的最后一天，他写给墨尔本夫人的信上说——

"这一年，我没有什么成就，但唯一可以自豪的是：我在你们家两个月的时间里，创下了我的纪录——没有打过一次呵欠！"

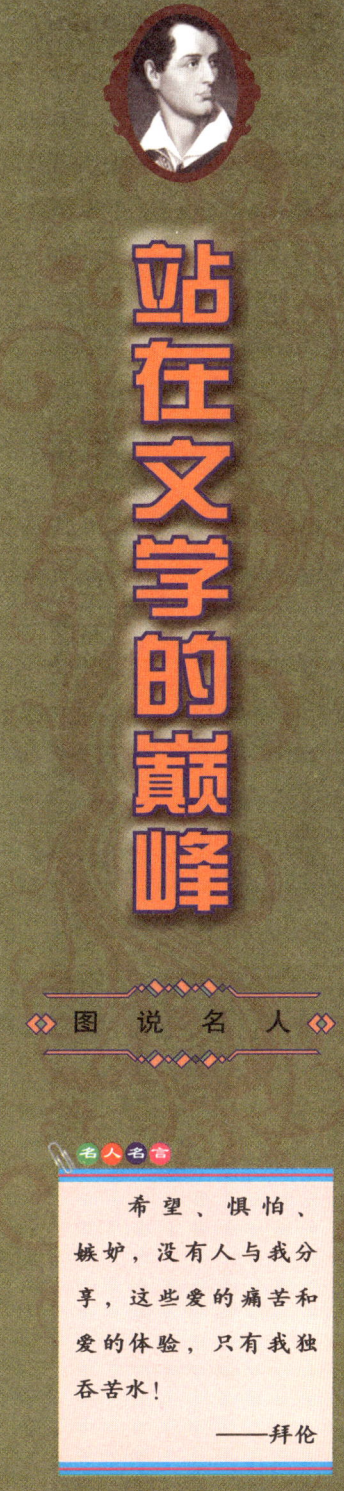

## 站在文学的巅峰

图说名人

### 再度踏上旅途

海风及浮动的船,勾起拜伦无限的回忆。然而,他明白,这次的旅行已和前次迥然不同——他已改变了许多,而且也更成熟了。他虽明白自己的生命已达到某一阶段,但是,并没有预见到日后他将会有更成熟的作品出现。

越离开英国,他越感觉到脱离盛名之累后的自由。

这是1816年4月。连他自己也没有想到,他这一次是永远地离开了英国,从此再也没有回到故国。他被赶出了国土,钱袋和心灵都破了产,他离去了,永不再回……

他十分向往欧洲南方的温暖,因此,决定在日内瓦稍事停留后(与霍豪士会合),再到他的目的地——威尼斯。不过,他的原订计划仍然是要在时机成熟时,到地中海的东岸去。

※美丽的日内瓦城市一角

**名人名言**

希望、惧怕、嫉妒,没有人与我分享,这些爱的痛苦和爱的体验,只有我独吞苦水!

——拜伦

拜伦在途中瞻仰了滑铁卢战场，对拜伦来说，滑铁卢不是一个胜利的地方，而是一个忧伤的地方。因为这次战役后，欧洲仍然没有得到应有的自由，因此，他仅仅为一些英雄的事迹感到敬佩和怀念而已。

正当他们继续往前行的时候，克莱·克莉爱小姐为了赶在拜伦之前到达日内瓦，就催促雪莱和母亲玛莉·高文夫人在1816年5月3日也离开多佛，并且早已在日内瓦望眼欲穿地等候拜伦了。

或许是因为旅途疲倦，亦或许是因为对进入日内瓦境内的繁复手续的反感，拜伦居然在入境的表格栏内填上一百岁。克莱小姐看到登记册上拜伦的名字，于是迫不及待地写了一封简短的信给拜伦（特别是因为她已怀了拜伦的孩子）表示愿续前缘：

我很抱歉你变得这么老，不过，我还以为你二百岁以后才会到这里来呢！……总之，我好高兴，你终于来了。

拜伦却没有多大兴致去理会克

※拿破仑兵败滑铁卢

风流勇士——拜伦

※著名诗人雪莱

莱小姐,他在到达日内瓦的第二天,就去找一处能度过炎夏的别墅。八天后,当他和波利多力医生从船上走下来时,正好克莱和她母亲玛莉及诗人雪莱也在附近,于是文学史上的两大诗人,终于在日内瓦的湖上会面了。

雪莱当时才二十三岁,有些拘谨,但两人一旦谈到文学方面的事时,陌生的感觉就消失了。两人畅谈甚欢,几乎忘记了时间。从此他们就结为莫逆之交。拜伦也因为雪莱的关系,比较可以容忍克莱小姐(但是,这时候,除了克莱和拜伦外,其他人都不知道他们之间的关系)。

6月的第一个星期,雪莱在离美丽的日内瓦湖边不到一百米的地方住了下来,而拜伦也在距湖边很近的地方租下了一个别墅。

为了游湖方便,拜伦和雪莱合买了一艘船,停泊在雪莱家门前的小港口。天气好的时候,两人就在寂静的黄昏中一起游湖;风雨交加的时候,就并坐在拜伦家的壁炉旁。而他们的话题,从诗到鬼的模样,可以说无所不谈。

雪莱计划要做一次旅行,但是克莱不愿同往,于是又去找拜伦。雪莱知道拜伦不喜欢克莱,就尽力避免让克莱和拜伦单独在一起。当雪莱一行离去后,拜伦感到十分寂寞,因此又为奥古斯塔写了一首诗:

即使我的日子完结,
我的命运之星陨落,
但你温柔的心还在;
你不愿对我的过错,
像别人一样地指责。

7月27日左右,雪莱一行旅行回来,他和拜伦仍如往常一样在一起游湖畅谈。然而,事情并未像往日那样愉快,因为,雪莱和玛莉·高文夫人已经知道克莱和拜伦之间的关系了。但是雪莱除了好好照顾克莱之外,他不愿对拜伦有何指责,因为他自己也是抛弃了妻子而和玛莉私奔的。

为了避免这种伤感情的事,雪莱就努力要隔离克莱,因此,克莱仅能在雪莱在场的时候见到拜伦。

　　8月26日，霍豪士和戴维士终于抵达日内瓦和拜伦会合。他们在附近游玩一段时间后，10月5日的上午11点，他们决定一起离开日内瓦转往米兰。拜伦对这次行程并不热衷，因为，这次他既无目标也无特别计划。他虽然忘不了去希腊的打算，但是在这之前，他有意在威尼斯停留一段时间。

※日内瓦是个处处皆景的城市

风流勇士——拜伦

**11**月2日,拜伦离开米兰,不久就到了威尼斯。拜伦一开始就喜欢威尼斯,对他来说,这是一个奇妙的世界。人生真像舞台一样,令他感伤的是威尼斯往日的热闹与繁华,现在都已经消失,剩下的只是无限的惋惜嗟叹。

他在写给马雷的信中说:

威尼斯正如我期望的一样令我喜欢!我的期望很高,而它正是我梦中一直想去的地方。像东方一样,我没去以前,已经知道很多有关那个地方的事了。

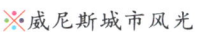

※威尼斯城市风光

※罗马斗兽场

在这个新的环境里，拜伦没有开始动笔，因为，他总是要等到遭受挫折或不幸时才有灵感，现在他却生活在十分舒适的环境中。

意大利人的爱情观令拜伦惊讶而感兴趣，他们那种坦白而不虚伪的态度，比起拜伦的家乡人——英国人的情感来，很令拜伦欣赏。

在这种安逸的环境中，拜伦对自己这种毫无目的的生活有些不满。他虽然一直提到来年春天要回英国的事，不过，他仍旧认为他留在英国的时间——尤其以最后一个月最为痛苦。那时尽管奥古斯塔一再努力地要撮合他们夫妇和好，但拜伦却向奥古斯塔表示："……我对她没有任何怨恨，然而，我却觉得受到严重的伤害。……她是一个傻瓜，我只想对她作这样的评语。"拜伦一想到女儿被安娜贝拉带走，就更加对他的妻子不谅解。

1817年4月9日时，他仍然留在威尼斯（即使他曾谈到要去罗马的事），他举棋不定，使得他自己也非常苦恼。4月29日，他终于如愿以偿地到了罗马。

拜伦和霍豪士畅游了一些名胜古迹后，在比亚栅·第·斯巴那66号住了下来。

当时也有不少的英国人住在罗马，可是拜伦只想躲得远远的。有一位利德夫人是拜伦家的朋友，她见到拜伦后，紧张地对她女儿说："不要看他，看了他以后你就会有危险！"

5月28日，拜伦再度回到威尼斯。他在意大利的旅行，以及在罗马的经历，加上最近他从英国方面

## 风流勇士——拜伦

※雪莱

得来的消息,都提醒他自己——他再也不能快乐地回到自己的家乡去了,而且,他似乎也认命了。

拜伦回到威尼斯的第一件事就是处理他的金钱。他希望能还清债务,并且有足够的费用能在国外舒舒服服地生活下去。

有一天,当他同霍豪士骑马到乡下去时,他们遇上了两位乡下女子,拜伦和其中一位已经结过婚的女子感情日增,但霍豪士却没有这种机会。拜伦认识的这个女子叫玛格利特·康妮,她的丈夫是一个脾气暴躁的面包师。这位康妮女士热情而大胆,对拜伦和其他女人的关系一点都不嫉妒,而且,她很有自信,认为最后的胜利还是她的。

拜伦与霍豪士在意大利过得十分愉快。每日当河水高涨时,就坐着船在运河上缓缓划向力多,去享受微风和夕阳的情趣,有时也骑骑马,拜伦因此写道:

> ……意大利对我来说,
> 真是个十分快乐的地方。
> 每日欣见阳光,
> 不像醉汉,
> 只透过昏睡的眼,
> 去看雾中的光线。
> 我爱意大利的语言,
> 像女人嘴上的热吻,
> 可以融化一切!

12月10日,拜伦得到一个非常令他兴奋的消息:纽斯德庄园终于以94500英镑的高价,卖给他在哈洛中学时的同学。此时拜伦总算松了一口气,知道自己在国外的生活将不成问题了。同时,他又写信给雪莱,答应养育克莱的女儿,并且叫他们尽早把她带到意大利来。

1818年,新年的第七天,霍豪士和拜伦做了最后一次的骑马活动。第二天早上,霍豪士动身回英国,并且把拜伦的一些手稿带给马雷。临行前,拜伦握着霍豪士的手,要他了解他本来是一个很有感情的人,可惜都被别人榨取光了。

## 运河上的唐璜

霍豪士同情地望着他，然后就继续自己的行程。霍豪士离去没多久，威尼斯一年一度的嘉年华会来临了，拜伦也跟着人们终日狂欢。想不到2月中旬时，拜伦却染上威尼斯社交圈的恶疾——淋病。这种病虽使他暂时不能骑马，却没有遏止他在社交圈的活跃。

拜伦越来越偏好意大利中下阶层的女人，他喜欢她们明亮的眼睛，她们的大胆和热情以及幽默感。不过，他之所以放纵地和这些女人来往，在下意识中似乎是他受到妻子安娜贝拉的冷落和过分理性的一种反应使然吧！

拜伦觉得与英国比起来，意大利的物价还是比较便宜，因此他在威尼斯的莫西尼哥租了一栋房子定居下来。

3月11日，雪莱和玛莉带着克莱和拜伦的私生女爱莉加到了意大利。5月2日，爱莉加便和护

※威尼斯圣马可大教堂

# 风流勇士——拜伦

士住进拜伦的新居，拜伦很快就喜欢上了这个小女孩。除了养育爱莉加外，拜伦还雇了一大批仆人（有十四人之多）和饲养了一些动物。他的仆人都是意大利人（除了费利契以外）。动物呢，据他写给他喜欢的歌剧明星——道格拉斯·肯内耳的信中说："我有两只猴子、一只狐狸、两条大猛犬……"

霍豪士离去后，拜伦几乎和英国人断绝了来往。他的名声（不管是好的或坏的方面）却为他吸引来一大批意大利的妇女。虽然他日渐肥胖，却仍旧对她们有极大的吸引力。这些妇人们为他而争风吃醋的事，整条运河都知道了，自然他也成为运河船夫们的话题。英国人到威尼斯来旅游时，都有一股强烈的好奇心——想看看拜伦，甚至不惜贿赂拜伦的仆人，以求一见拜伦。因此，拜伦在意大利的社交圈里，尽量避免和英国人见面谈话。不过，除了这些小困扰外，他在威尼斯的生活还是颇愉快的。

虽然拜伦在莫西尼哥的日子过得很舒服，但也不得不考虑住在家里的小女儿爱莉加的生活环境。克莱早就对爱莉加生活在拜伦情妇的阴影下，感到担心了，所以一再地催促雪莱和她到威尼斯去处理这事。拜伦不乐意见到克莱，但是他对雪莱的来访却非常高兴。自然他又带着雪莱到力多去享受游览和欣赏日落的快乐时光。拜伦也很慷慨地将自己从霍本纳先生家租得的另一处房子让给雪莱一家人住下来。

7月的前三个星期，拜伦专心写他即将要公之于世的一本（模仿英雄诗体写的）滑稽叙事诗《唐璜》。他之所以选择这个传说中的

※意大利有很多美食，比萨是其中之一

无情花花公子作为他故事的主角，是有着叛逆性的意义，并觉得这样做可以加强文章中的讽刺意味。因为，他想要借着文章，对唐璜的无情做一次辩解。他认为唐璜之所以有这种个性，不过是环境所造成的罢了。而拜伦能顺利地写成《唐璜》第一篇，不得不归功于他处在意大利这个充满了滑稽剧的自由环境中，以及他自己所接触到的意大利妇女的放荡性情。

面包师的太太康妮，不但以为自己是击败拜伦其他情妇的胜利者，而且，不久又以家庭主妇自居，管理起拜伦在莫西尼哥的家，削减了一切的开支，直到拜伦不能忍受为止。

当拜伦要康妮离开莫西尼哥时，她便以刀子及必将报复来威胁拜伦。结果，第二天，她真的拿着一把刀割伤了拜伦，于是拜伦不得不命令他的船夫送她回家。不料康妮却突然跳到运河里自杀，拜伦只好派人把她救起。折腾了很久，她才了解，拜伦已对她生厌，于是在迫不得已的情况下，安分地回家去了。

韩生先生和他的儿子纽顿，为了处理拜伦的经济事宜一同到威尼斯来见拜伦。拜伦看到他们，眼里充满了泪水，因为他想起自己从小

※意大利的游历丰富了拜伦的阅历

和韩生先生一家的关系。韩生先生的心情则十分沉重。

纽顿后来说："拜伦爵士只不过三十岁，看起来却像四十岁的人，他的脸色苍白，身材圆滚滚，胖得连手上的关节都几乎看不出来了。"

11月17日，拜伦在他的遗嘱中添了一条附录，留下500镑给爱莉加，并且委托韩生先生把一封信交给霍豪士和肯内耳，授权给他们，请他们替他处理债务和经营一切财产事务。

与此同时，他把《唐璜》一书的第一篇稿子寄给英国的朋友，着急地等待着他们的回音。

霍豪士和戴维士看了稿子以后表示："我们读它的时候，一直说：'这不可能被读者和评论者所接受！'但是，在我们说不可能的时候，也充满了对你的才智、诗意以及讽刺意味……的仰慕！"他们担心这部作品出版后，对拜伦在威尼

斯的某些不好名声产生肯定和夸大的渲染。霍豪士觉得诗中所说的和拜伦的生活太相近了，而建议他删改。然而，他也承认，必须删改的部分，却又是拜伦才华发挥得最好的地方。

马雷的信也寄来了，他似乎很聪明，有意回避直接批评这部作品，只是一再赞美地说：如果拜伦能将《唐璜》书中的不雅部分删除，他的天才将更能为读者所欣赏。然而，拜伦却不为其所动，执意要原封不动地出版《唐璜》的第一篇。

虽然拜伦仍旧对英国的朋友吹嘘他在威尼斯的奇遇，但他心里却很明白，他已经逐渐厌倦了追求女人，特别是因为他的放纵情欲使他的身体和精神一天天地衰弱——他似乎感觉到宝刀已老了！

在这些乏味的日子里，他答应朋友去参加边左尼伯爵夫人的宴会。在宴会上遇见了一年前曾和他一同去看歌剧的泰莉莎·古西又里伯爵夫人。古西又里夫人才刚满十九岁，与五十八岁的古西又里伯爵结婚不过一年而已。

古西又里夫人正感无聊的时候，边左尼伯爵夫人带着拜伦来见她，她立即为拜伦希腊式的迷人脸庞和笑容所吸引。他们谈了许久，

※拜伦

泰莉莎还告诉拜伦，她的父亲甘巴住在拉维那。拜伦表示正好想去佛罗伦萨拜望他，因为那里有拜伦所景仰的诗人——但丁的坟墓。两个人的话题自然转到但丁身上，拜伦很惊讶地发现：这位意大利的美人，竟然对但丁和《神曲》有深刻的认识和喜爱。

泰莉莎在她丈夫要她回家时站了起来，好像梦游一样地慢慢而依依不舍地离开……

当天，拜伦对泰莉莎并没有什么特殊的印象，然而，因为他是相信命运的人，或许他会同意泰莉莎后来说的："这次的见面是命运之神在我们两人心中所做的印记！"也因为这样，拜伦从此和甘巴家有着十分密切的关系。

## 比萨的文艺圈

**拜**伦对雪莱为他选择的住宅非常满意，朗凡契的住宅光线比拉维那的好多了，而且空气也比较清新。每天清晨，拜伦只要走下那宽阔的台阶，就可以打开后门，伸手去摘园里的橘子吃。此外，拜伦也很喜欢雪莱为他邀来的许多文艺界的同伴。他很高兴能再回到尊敬他的文采以及能欣赏他幽默的英国人的圈子中。

到比萨后的第二天，拜伦和泰莉莎曾到雪莱家登门拜访。以后拜伦家就成为大家活动的中心据点。拜伦每日和这些文艺界的朋友在一起，也很少去泰莉莎家。而泰莉莎只好和玛莉一起骑骑马，几乎很少有机会见到拜伦。

新加入比萨

※雪莱画像

## 风流勇士——拜伦

文艺圈的,有一位名叫约翰·泰福的人。他本来是爱尔兰籍的文人,因为在爱丁堡与一个女人有过纠葛而被放逐离开爱尔兰。另外,麦德温也来参加,他是雪莱的旧识。起先拜伦有点排斥他,但是后来发现他对自己的谈话很有反应,因而接纳了他。

比萨文艺圈里,除了泰福、麦德温、威廉士(也是雪莱的旧交)外,还有雪莱的其他朋友,如:懂希腊文的马洛克打多王子(希腊的爱国者,6月时为了争取希腊自由而回国参战),拜伦一直与他们保持距离。马洛克打多回希腊参战,雪莱引见他的堂弟阿吉罗波利王子给拜伦,因而,再度点燃了拜伦对希腊革命的关怀。

1822年初,拜伦终于同意让著名的雕刻家罗伦左·巴拓里尼为他做半身雕像。但是雕像与他本人相像的程度,只是让拜伦更加觉得,他已三十四岁,青春不再了。另外一件事情,就是他发觉自己已"安分"于泰莉莎的爱情,不再"向外发展",因此他能很知足地在比萨居住下来。可是,泰莉莎并不感到安适,她离乡背井到比萨来,又觉得拜伦日渐与她疏远,并且还很难讨好。因此她想和雪莱的情妇玛莉学习,使自己能更加聪慧,多熟悉一些文艺界的事情,以博得拜伦的欢心。可是她这样一来,却反而弄巧成拙,因为我们已经知道——拜伦喜欢的是她的年轻貌美和天真无邪,而不是她的头脑。

1月14日,有一位活跃分子加入了比萨的文艺圈。这位名叫爱德华·约翰·屈罗尼的新成员极富冒险精神,也十分敏感,酷爱文艺。因此,他一来就吸引了比萨的诸位文人,而且颇受欢迎。但是,拜伦和往常一样,有点排斥他。因为拜伦觉得,他的相貌和性格,简直就是他笔下所写的"东方故事"中的英雄嘛!

不过,几天过去之后,拜伦又开始喜欢他了。屈罗尼来了以后的第一件事,就是劝威廉士和雪莱着手实行他们购船游玩的计划,连拜伦也被他说动,而让他全权处理订购一艘"不计多少费用"去装饰完善的华丽游艇(后来拜伦十分后悔,因为屈罗尼所花的钱,是拜伦预先所估计的数百英镑的十倍)。

2月的时候,英国传来的消息说,拜伦的妻子安娜贝拉的母亲诺亚夫人已在1月28日逝世。拜伦除了对安娜贝拉表示同情外,还写信给霍豪士与肯内耳,请他们代他把他从诺亚家分得的遗产,拿出其中的10000英镑,归在安娜贝拉的名下。并且,他因为承继了诺亚家的家徽,而愿意接受"诺亚·拜伦"这个名字,他以后也常签字为"N.B."以代替他的缩写名字。

现在拜伦的收入除了著作而每年得到2500英镑外,还因为诺亚夫人的去世,可以分到约6000英镑的财产。这时候,要他负担雪莱所推荐的另一个文人莱·汉特到比萨来的费用,应该是没有问题了。

莱·汉特当时住在普利茅斯,整个的家计(妻子生病,又带着一大群孩子)都落在他一人身上。因此,他不但把他自己的哥哥约翰给拖垮了,还向雪莱借了150英镑。而更令雪莱尴尬的是——他居然写信开口要向拜伦借钱。雪莱知道汉特那种"有借无还"的毛病,便警告拜伦要注意,但拜伦却因为爱才及对汉特将要出版的一本杂志十分感兴趣,慷慨供应他所需的费用。不过,现在的拜伦可不像以前一样胡乱花钱了。一方面,可能是他感到自己已经三十四岁了,必须要有些"安全感";另一方面,也可能是因为他考虑到,日后不但要养活自己,还得抚养他自己的女儿,或者是甘巴一家,甚至包括奥古斯塔和她的孩子呢!

克莱不断写信给雪莱和玛莉,控诉拜伦不顾她的女儿爱莉加的死活。雪莱本来不相信克莱的说辞,但是克莱再三要求,所以他只得依克莱之请向拜伦提出让克莱和女儿重聚的建议。雪莱将建议转告拜伦,但拜伦听了这个建议以后,只是很不耐烦地耸耸肩,并且说:"女人就是爱找麻烦!"雪莱听了十分愤怒,他曾告诉别人——当时若不是强行控制住情绪的话,差点要一拳把拜伦打倒在地上!

自从这件事以后,雪莱很想

※比萨斜塔

## 风流勇士——拜伦

和拜伦疏远,但是,汉特前来比萨以及出版杂志的计划,都须借助于拜伦,所以雪莱不得不暂时忍耐下来。再说,雪莱虽然不欣赏拜伦的所作所为,但却和玛莉一样,十分醉心于拜伦的才华。

在拜伦这方面,他常常接到一些英国朋友的来信,一再阻止他和雪莱来往(他们批评雪莱是流浪汉和异教徒),但他却常为雪莱辩护。

他在写给摩尔的信中说:

> 雪莱真是个可怜的人!你们都把他当作眼中钉,其实,就我对他的认识,他是世界上最温柔、最不自私的人——我觉得,他最关心别人的需要,甚至于肯牺牲自己的享乐去帮助别人。他的看法十分高明,连我也比不上!

比萨圈的人,雪莱、拜伦、屈罗尼、比多·甘巴以及泰福,每天都很愉快地一同骑马、交谈。有时玛莉和泰莉莎也乘坐马车加入他们之中。就在此时,不幸的事却发生了。这件事使得这个文艺界人士汇集的比萨圈不得不纷纷作鸟兽散。

有一天,比萨圈的众人出外郊游,泰福在最后面跟着队伍,不料,有一个人骑着马快速地超越他们,并将泰福的马吓得乱跑。比萨圈的人以为这人是故意找他们的麻烦,于是快马加鞭追踪那人,一直追到城门外才停止。当时拜伦递上他的名片(误认那人是意大利的贵族),雪莱也上前用意大利话很客气地问他:"为何如此地莽撞?"其实,他只不过是城里一个部队中的士官长,因为点名快要迟到了,所以才飞奔着回去。但是,由于这群英国人的包围,使得情势紧张起来,比较冲动的比多·甘巴,不分青红皂白便拿起马鞭打了这士官长一下,又用话语侮辱他。这个叫马西的士官长非常气愤,便下令城门口的军人,逮捕这些英国人。他们只好四散逃逸,雪莱因为动作慢,又被自己所骑的马给摔下来,跌得不省人事,而没有逃成,另外有一人的鼻子也碰伤了,而泰福本人倒若无其事,连一根毛发也没有被伤到。

由于这件事,破坏了比萨圈里的祥和气氛。虽然威廉士后来将事情完全解决,但因为泰福推诿责任,向当地的地方官虚报实情,使大家不谅解。一周后,马西虽然康复了,可是比萨圈却难以恢复以前那种景况了。麦德温已离去,雪莱和威廉士考虑到别处去避暑,拜伦也在杜皮租了一栋别墅,准备在5月至10月间,到那里居住。

4月中，拜伦得到拉维那方面的消息，说爱莉加发高烧病重，同时，克莱也听到消息赶到比萨来。雪莱除了安慰她外，还尽量藏匿她的行踪，使他不致被拜伦看见。拜伦非常着急，派专人去照顾爱莉加。18日传来的消息说，热已经退了，但是不到两天，又传来消息说，爱莉加死了！

4月22日，消息传到比萨时，除了泰莉莎以外，没有人敢把这个消息告诉拜伦。

拜伦似乎应对疏于照顾爱莉加而负起一切责任，或者他不该听雪莱的劝告而把爱莉加交回她母亲身边。然而，不管怎么说，拜伦对爱莉加的死确实是十分悲伤的。他写信给马雷，请他代为安排，将爱莉加埋葬在一度是他童年所希望被埋葬的哈洛学校的教堂墓地。因为爱莉加不幸的童年，引起他对自己童年遭遇的回忆。马雷虽已依照要求十分尽力而为，但却无法完全照拜伦的意思达成，充其量他只能让爱莉加安葬在墓园里面，却不能为她立碑，因为没有人会承认一个私生女的身份的。

克莱方面的反应，比大家想象的要好一点，但是她却把一切的怨恨都归咎到拜伦身上。她写了一封极严厉的信指责拜伦对她的女儿爱

※ 年轻时的拜伦

莉加所做的一切"暴行"。拜伦把这封信交给雪莱。对他来说，整个事情已告一段落，他只想尽早忘记这事。不过，他答应克莱的要求，为爱莉加留一张画像，并且准许克莱在爱莉加的棺木送往英国时前去送行。

雪莱和威廉士终于离去了，比萨文艺圈失去了雪莱就等于失去了核心人物，也就自然瓦解了。5月中，拜伦也离开了这个他们曾经闹事以致声名狼藉的地方，前往杜皮的别墅度假去了。

## 重返希腊

**当**这艘拥挤不堪的船只漂浮在海上时,拜伦的思潮也跟着载浮载沉。

在意大利的时光,虽然漫无目的,却带给他一些快乐,并完成许多成熟而感情丰富的作品。现在,他则像被浪涛卷到了希腊的海上,而这局面的形成,一方面是由于他自己对意大利生活的厌倦,一方面也是由于情势和他自己的名声使然。他的弱点就是不知道如何拒绝别人。

到了希腊的海上,他的情绪才慢慢好转了。1823年8月2日,他们的船到达开发洛尼亚,却不能再继续往前行了,因为根据情报,希腊人自己起了内讧,不能团结一致,而土耳其的舰队已沿海包围了希腊本土,希腊本身所组成的舰队大部分只不过

※意大利的人文风情、古老历史让拜伦印象深刻,帮助他完成了很多感情丰富的作品

# 荣誉之重

◇ 图 说 名 人 ◇

### 名人名言

在我心中燃烧的火焰,像一个火山岛般的孤寂;它点燃不着一个火把,因为只剩下一堆废墟。

——拜伦

是武装的商船而已，均拥挤在东岸，不肯前进。在这样的情势下，拜伦一行只好考虑停在开发洛尼亚岛屿旁静观其变，再决定是否继续前行。

著名的诗人拜伦要到岛上来的消息，立即引起一阵骚动。拜伦不但引起英国人的仰慕，其中有很多英国军官都已熟读过拜伦的诗集，岛上的希腊居民也十分兴奋地想见他一面。

没多久，拜伦已经养成每天在岛上骑马遨游的习惯。根据别人描述：

他每天骑着他的马，戴着一顶高高大大、上面有羽毛的帽子（也许是将羽毛插在他设计的荷马式头盔上），并佩着银光闪闪的肩章……

他们到达开发洛尼亚后的第二天，岛上英国人的督察那比尔上校来见拜伦。那比尔也是一个热爱希腊、支持革命的人。他来见拜伦的原因，是要讨论如何管理岛上故居的苏利欧特军队和他们的家属。

拜伦早已风闻这些苏利欧特军人的英勇善战事迹，他们在1822年带着家人从南阿尔巴尼亚逃到这里来，并且参加战役，投入到反抗土耳其的阵营中。拜伦第一次到希腊时曾雇用过两名阿尔巴尼亚仆人，对他们的勇敢、忠心十分信任，这次再度见到这些苏利欧特人饱经风霜的面容，使他回忆起1809年在希腊的情形。他很快地提议要雇用他们做他的保镖和侍从。屈罗尼却很不以为然，他认为这些苏利欧特人只是为拜伦的金钱所吸引而来归附他。

拜伦在岛上一直没有接到英国或希腊方面来的消息，对他来说，这更坚定了他继续往前的决心。即使比多·甘巴一再写信给泰莉莎提到将要返回意大利的事，然而，拜伦却懒得再和意大利的一切拉上关系。

拜伦逗留在开发洛尼亚岛上的消息，很快地传遍希腊。许多集团写信来恳求他支援，甚至有些私人机构向他争取经费支援。若不是他和那比尔上校对希腊人长期被奴役而产生的个性（欺骗贪婪以求生存）已有深刻的了解和同情，并且关心革命成功以及希腊人的生活能否有实际的改善，他可能会因为极其厌恶希腊人的作为而离开希腊。比多·甘巴也表示，拜伦在早期旅行希腊时，对土耳其人的评语要比对希腊人的好得多。

苏利欧特人的漫无规章和强

# 风流勇士——拜伦

※ 土耳其城市内的古老建筑

行勒索，使拜伦对希腊人更加感到失望。他决定再发放他们一个月的薪水，然后让他们自由离去。他恐怕自己心软说不出口，就委托比多·甘巴替他执行这个决定。他本想继续往前，但是发觉时机并未成熟，于是便在岛上米他差踏安顿下来（1948年时此屋尚存，但1953年毁于地震，希腊政府已在原地盖一新屋，屋前的街道便命名为拜伦街）。

安顿以后，拜伦才有更多的时间考虑自己该支持希腊的哪一个"爱国集团"。他特别重视那比尔上校的意见（因为那比尔和他一样，都有救赎希腊人挣脱奴役的狂热），那比尔建议他雇用希腊境内的外国佣兵（由英国人及德国人所组成），然后用像马洛克打多王子这样英明而且在希腊又有影响力的领导人。

正好在这时，外面传来消息，说马洛克打多王子已参加前往麦索隆基的一只舰队。拜伦立刻表示愿意以金钱支援该舰队的费用，并且决定动身离开希腊东部，积极投入革命的前线行列。

因为英国方面不愿介入希腊与土耳其的战争，所以舰队并没有来迎接拜伦，而是直接前往麦索隆基。拜伦也不管这些，12月29日一切准备妥当，扬帆到目的地去。他的情绪非常高昂，因为"海洋常带给他许多写诗的题材……"

顺着风，船在6时起航。比多·甘巴记述：

*我们一起航海，天气晴朗，空气清新。我们情绪十分高昂，拜伦爵士更是如此……当送行的人听不到我们的声音时，我们互相以枪射击天空……明天，我们要在麦索隆基，明天……*

## 麦索隆基的救星

**1823**年12月30日,当拜伦即将带领一些人航向希腊本土的消息传开后,全世界都为之振奋。

31日,当船在麦索隆基的海岸外航行时,突然有一艘大船在他们前面出现。他们本来以为是希腊的船,不料,船长发现是一艘土耳其的船。顿时,整艘船上的人寂静无声,"连整晚叫个不停的狗,也闭了嘴……"

※希腊城市一角

风流勇士——拜伦

船长快速地把船驶开土军的视线范围。他们就在海岸外漂浮，直到黎明。但是，天亮后，他们发现两艘土耳其的军舰还在附近停留，其中一艘更是穷追不舍，船长再度把船驶开，隐藏到北边的一个小港口内避难。马洛克打多急忙派了三艘船去援救拜伦和他那些贵重的货物。他所派出去的人，很可能在1824年1月2日就找到了拜伦他们，可是由于风向的关系，他们一直到次日清晨才能在离麦索隆基不远的小岛边停泊。

1月3日上午11点，拜伦穿上红色的军装，上岸接受麦索隆基全镇人的欢呼。希腊的商船在土耳其军舰已转向他地时，群集在麦索隆基为拜伦的来临齐声欢呼并鸣礼炮。马洛克打多王子、史丹霍上校及一大堆的外籍、希腊籍的军人，在他们为拜伦预备的寓所前，排成一长列欢迎他。拜伦对马洛克打多王子的感觉是：他比较像一个学者，而不像军队的领袖。

这位马洛克打多王子，不只是因为他的教养和出身，而得到拜伦的尊敬与信任，也是因为那比尔上校等人极力向拜伦保证：他是在希腊唯一有影响力，而且真正关心希腊前途，并且可以完全信赖的人。

## 知识链接

### 土 耳 其

独特的地理位置、宜人的气候条件使土耳其成为游人向往的乐园。形状各异的现代化建筑，华丽肃穆的清真寺唤礼塔，飞跃于博斯普鲁斯海峡之上的跨海大桥，《荷马史诗》中的特洛伊城遗址，世界奇景卡帕多西亚，观鸟胜地库什湖，秀美的亚洛瓦温泉……迷人的自然风光，丰富的文物古迹使土耳其享有"旅游天堂"之誉。

土耳其大陆西起巴尔干，东至高加索，全长一千英里，向北延伸至黑海，南部濒临地中海，在欧洲国土面积仅次于俄罗斯，位居第二。它的气候温和，地形复杂，从沿海平原到山区草场，从雪松林到绵延的大草原。这里是世界植物资源最丰富的地区之一。

土耳其大陆长达五千英里的海岸线点缀着数处保存完好的爱琴海和地中海海滩。巍峨的阿勒山高达5402米，山顶终年积雪覆盖，景色最为壮观，吸引了

众多游客。此外，它还是一个河流湖泊众多的国度，底格里斯河和幼发拉底河均发源于此。

公元前7000年以前，安纳托利亚便开始有人居住，公元前1900年左右被印欧赫梯人占领，他们随后建立了一个世界强国，直到公元前1200年左右灭亡。后来弗里吉亚人和吕底亚人侵入安纳托利亚，但其东部则由当地的亚美尼亚王国统治。公元前6世纪，波斯帝国占领了这个地区，随后又经历了希腊人的统治，公元前1世纪还经历了罗马人的统治。亚美尼亚王国一直是敌对的罗马人(后来是拜占庭人)与安息人以及后来的萨萨尼亚人之间的分界国。拜占庭人统治时，君士坦丁大帝把君士坦丁堡(今伊斯坦布尔)定为首都。

11世纪时，突厥游牧部落"乌古思"侵入安纳托利亚。"乌古思"部落的一支凯伊人在 12世纪占领了安纳托利亚东部和中部。凯伊人奥斯曼一世建立了奥斯曼王朝。奥斯曼人在其扩张的最初阶段，曾经是土耳其人维护伊斯兰信仰、反对拜占庭帝国的主要力量。 13世纪至14世纪，奥斯曼人夺取了西安纳托利亚和东南欧的拜占庭领土，使这些基督教巴尔干国家成为他们的封臣，同时征服了东安纳托利亚的土库曼公国。15世纪，奥斯曼苏丹强行对巴尔干国家

※ 幼发拉底河

# 风流勇士——拜伦

实行直接统治,并征服君士坦丁堡(1453年),将东至幼发拉底河(1468年),西至匈牙利的领土都划归其统治范围之内。16世纪末,奥斯曼帝国处于鼎盛时期,其版图包括大多数巴尔干国家、中欧的匈牙利大部分领土和中东及北非的大部分地区。

苏莱曼一世(1494—1566)统治以后,帝国在政治、行政和财政上开始衰落。到1718年,奥地利已经把土耳其人赶出匈牙利,俄国于1783年吞并了克里米亚。19世纪,奥斯曼帝国丧失了对埃及和大多数巴尔干国家的控制。最初"米勒特"制度允许宗教信仰不同的少数民族实行地方自治,但在19世纪末,这种制度开始瓦解,导致骚乱增加,终致第一次世界大战时期亚美尼亚人遭受种族灭绝性大屠杀。1908年,青年土耳其党发动革命,企图恢复帝国,然而在巴尔干地区却继续遭受军事失败和领土丧失。第一次世界大战期间土耳其站在德国和奥匈帝国一边。战后,土耳其丧失了其阿拉伯行省和小亚细亚部分,但是在经过残酷的内战和对希腊的战争之后,土耳其现在的疆土在1923年的洛桑会议上被确定,土耳其成为一个共和国,由凯末尔任第一任总统。奥斯曼的苏丹制和哈里发制被取消,土耳其在凯末尔的领导下开始了现代化的进程。

第二次世界大战时,土耳其一直保持中立,战后与西方结盟并接受美国的军事和经济援助。土耳其参加了北大西洋公约组织(1952年),是《巴尔干协约》的签字国(1953年),参加了《巴格达条约》(1955年,后改称中央条约组织),参加了欧洲经济合作组织和欧洲委员会。1959年土耳其与希腊解决了历时多年的塞浦路斯争端。土耳其第二共和国成立后,于1961年通过新宪法。1963年,土耳其成为共同市场的成员国。

个子矮小、戴着厚厚眼镜的马洛克打多王子,因为祖先曾在土耳其人统治下的希腊当过总督,而得到"王子"的称号。他曾在君士坦丁堡受过教育,早年也曾专门研究过东方的语言,而且是"一个杰出的希腊学者,说写法文简直和地道的法国人一样好,此外,对英文、意大利文也颇在行"。

不管怎样,拜伦已经决定支援他(尽管拜伦不愿意属于任何一个集团),而且,也越来越觉得若要在希腊做些什么事,唯一的选择是支持马洛克打多王子。

随着马洛克打多王子来的还有希腊各省的五千多名军人,他们聚集在麦索隆基等候马洛克打多王子的作战计划。马洛克打多王子准备攻占在哥林斯湾南北边的土军城堡。他想先攻下利潘多——土耳其在北岸唯一的坚强堡垒,这样,他们统领的五艘船及两艘纵火艇(装满炮弹可以攻进敌方引起爆炸的船),便可以顺利地攻下巴翠士和对面的墨里耳城堡。

拜伦对马洛克打多王子的计划十分赞同,特别是因为马洛克打多王子知道他可以负担苏利欧特人的军饷,而请他负责带兵参加攻打利潘多的缘故。1824年1月13日,拜伦决定继续供应苏利欧特人的军需,这些苏利欧特人在他们的首领马可·布撒力士死后,自愿参加希腊军而聚集在麦索隆基,协助防御工作。

这些军队中有五百人左右由拜伦供养,另外一百人则由马洛克打多王子的政府供给,但却仍听命于拜伦。拜伦被镇上的爱国热潮所感动,而他带兵发号施令的梦想,也终于实现了。根据人们的描述:

他的房子常有军人进进出出,他的客厅像一个兵营,而不像一个诗人的寓所,墙上的装饰,尽是刀、剑、头盔、喇叭……他跟军官们谈话的话题不外乎如何攻击、突袭、埋伏、战役、占领……

拜伦不因为泥泞的麦索隆基小镇和为他预备的简陋小屋而失望,他只要看到军人们穿着巴尔干半岛男人穿着的白而短的裙子和闪闪发亮的配饰,就会怀念起他在希腊半岛的初次旅行。麦索隆基和他1809年跟霍豪士初次见到时没有多大差别。

马洛克打多王子为拜伦预备的这间房子,在海峡的末端,靠近一个泥泞的湖边,在镇上算来是非常大的两层式楼房。屋檐延伸出去,因此有时候,拜伦就在后院

希腊古代士兵雕像

※希腊克里特岛

训练那些苏利欧特人。他们和马一起住,有的住在楼下,有的住在屋外檐下。

此刻,拜伦没有时间考虑个人的舒适问题了,对他来说,第一件立刻要办的事,是如何组成一支能协助攻陷利潘多的军队。虽然他可以考虑使用外国的佣兵——由德国人、英国人、美国人、瑞士人、瑞典人所组成——但他最大的希望寄托在威廉·巴里身上。威廉·巴里目前正预备制造火箭和其他现代化的军事装备。

从墨里耳传来的消息显示,希腊的派系之争已有了结果。他们所组织的立法和执行机构,都向拜伦承认,他们已把他列为希腊(如果以后成为一个国家)的"国家恩人",并为自己内部的不和向他表示抱歉。他们希望拜伦能为他们争取到英国方面的支援贷款,并且希望他能再支助20000—30000英镑的经费,作为保障克里特岛的基金。但是,拜伦已经在麦索隆基忙得不可开交,换句话说,他的精力和金钱宁愿花在有行动的一方身上,而不愿支持空谈的组织。他把这些人的事推给比多·甘巴和史丹霍去应付。

可是麦索隆基的情形并不十分理想,镇民和日渐高傲及催讨债款的军人时起冲突。幸好，巴里上校已动身前来麦索隆基，拜伦就只好期望进攻利潘多的计划能赶在镇民和军人的冲突激化前实施。

1月18日晚上，拜伦和同伴听到一声枪响。原来，当地一个镇民正在向人抱怨苏利欧特军人趁他外出时，占据了他的家，而有个苏利欧特军人刚好从那里经过，就一枪把这个镇民给打死了。

马洛克打多王子虽然立即把肇事的人交付军法审判，但镇上的气氛非常紧张。更糟糕的是土耳其的军舰又再度出现在麦索隆基的海上，而原来负有保卫责任的五艘船，不知逃到哪里去了。

拜伦心里非常焦急，因为他怕镇上的动乱和希腊军舰的逃逸，会使正带着军火前来的巴里上校无法登岸，或者因此而遭到危险。21日清晨，土耳其的军队已准备好要进攻的样子，整个麦索隆基可以说已被封锁。

有人想出了一个计策，准备趁夜晚时乘一条小船去破坏土军军舰的缆索，或把它弄到岩石中间。所有的欧洲军队都志愿去完成这项任务，但拜伦却坚持自己要做首先发动攻击的人。比多·甘巴曾提到说：

他对这个计划如此坚决，以至于我们都觉得实在不该把这样的计划告诉这个人。我们想尽办法劝他放弃他的决定，最后，虽然我们成功了，却得来不易。他现在只想参加最危险的行动，而且憎恨任何一个想赶在他前面抢功的人。

但是，事实上，拜伦向往做这些危险的工作是另外有其原因的——他一方面想实现他早年崇拜英雄的想法，另一方面则感伤自己年华老去，不再吸引人，而渴望像他早年所崇拜的男女（他都认为是"美的化身"），很完美地来结束自己的生命。他的这种思想深深埋在心底不愿让人了解，甚至不曾告诉他最亲近的朋友。

拜伦在三十六岁的生日时，曾借着诗来发泄他胸中的郁闷：

　　这颗心已到了不为外物所动的时候，
　　既然——他已不能使人动心，
　　虽然我不再被爱，
　　啊，还是让我能爱别人吧！
　　我的日子有如这片枯黄了的叶子，
　　爱的花朵已逝去；
　　虫子、尺蠖和忧伤，
　　是唯一留下来陪伴我的。

风流勇士——拜伦

在我心中燃烧的火焰,
像一个火山岛般的孤寂;
它点燃不着一个火把,
因为只剩下一堆废墟。
希望、惧怕、嫉妒,
没有人与我分享,
这些爱的痛苦和爱的体验,
只有我独吞苦水!
然而——此时此刻,
这些思潮不能动摇我的灵魂;
也不能使一个英雄,
在他葬身之地皱眉。
我放眼所见的,
尽是战刀、大旗、战场,
和希腊的荣耀!
斯巴达人再英勇,
也没有这样的自由。
醒来!(我指的不是希腊,因她已醒!)
醒来!我的灵魂!
想想你的血液,
将流经前人足迹返回家乡!
你这无用的男人,
竟将这复活的热情践踏在脚下;
美人的微笑和颦眉,
不再对你有任何意义。
如果你叹息逝去的青春,
为何再活下去?
光荣而死的地方就在此——
上战场去吧,
在那里结束你的生命。
寻找——寻找一个适合你的军人之墓,
然后四周环顾,选定地点,
在那里永远安息!

1月29日,土耳其的军舰终于离去。但是,那些希腊商船再也没有回来。拜伦发觉困难越来越多。苏利欧特人固执于他们族里的阶级地位,不太肯听从别人的命令,而除了他以外,马洛克打多王子和麦索隆基的总督,以及镇里有五千头牲畜的大亨都愿意负担一点军饷,但在麦索隆基的军队,仍然全部靠他供应。况且,按苏利欧特人的规矩,拜伦除了供养五百个苏利欧特军人外,还必须要负责为数约一千二百人的苏利欧特人的家眷和牲畜呢!

巴里上校终于来了,不过,他高昂的志气马上被浇灭了。原来,史丹霍上校和镇长根本供不起他的最新武器弹药装备和操作这些武器的人员之薪饷。当初,他带这些武器装备和技术人员出来的时候,已经自掏腰包凑了旅费,如今实在支撑不下去了。在惊惶中,他向拜伦请求支援。拜伦欣赏他的人格,答应供给他一切的装备费用,使他放心不少。巴里上校比较坚决而且讲求实际的看法，使得拜伦对他颇为信赖，特别是在面对马洛克打多王子犹豫不决的个性已有很长的一段时间以后。

事情越来越明朗化——今后进攻利潘多所需的费用及实际的领导责任，都落在拜伦的身上了。根据两名从利潘多逃出来的希腊人报道，利潘多的土耳其军队风闻拜伦在麦索隆基的整军工作，而且由于史丹霍在报纸上的宣传高估了他们军队的实力，早已闻风丧胆。甚至有一位土耳其的高级指挥官向希腊的间谍表示，如果拜伦出现在利潘多，他们准备象征性地抵抗一下就投降。

※土耳其古老建筑

听到这个消息，拜伦很兴奋地催促巴里做战斗的准备。不料，巴里却很沮丧地告诉拜伦，他无法组成一支能作战的队伍——如史丹霍上校那样所预期的兵力。拜伦只好为他打气，同时鼓励有枪械的部队官兵们，并答应提供他们所需要的一切费用。

拜伦只好再三与巴里长谈。巴里也发觉，拜伦虽然表面上十分乐观，心里却已经感到十分失望：

……他既没有安全感，也得不到休息，更有苏利欧特人要安抚和管理……事情对他来说，似乎十分明显……他感觉被欺骗，被遗弃，甚至可以说被出卖。他为了不让人耻笑，（以为像堂吉诃德一样地愚蠢！……）只好装作若无其事的样子，然而……他的内心深处，早已觉得自己被周围的人遗忘了……

拜伦对巴里越来越信任，甚至把支援希腊的费用全数委托巴里管理。此时，拜伦每日的花用，已超过2000英镑了。

在一个偶然的机会里，比多·甘巴发现苏利欧特人的军队名单与人数不符合。原来，苏利欧特人为了多得粮饷，虚报军中人数。更过分的是，他们要求上级给军官

风流勇士——拜伦

更多的粮饷。拜伦知道这事,气得几乎都站立不住了。他立刻下令解散苏利欧特军队,他说他再也不能忍受他们的要挟了。苏利欧特人也知道自己做得太过火,马上提出许多补救的办法来,想讨拜伦的欢心,但已经太迟了!

拜伦除了为这件事生气外,更气愤的是,进攻利潘多的计划,因为这事必须再度延迟了。2月14日,他和巴里以及其他的人走在一起时,突然痉挛,倒在巴里身上,脸扭曲着,嘴也歪在一边,并且一直口吐着白沫,牙根咬得紧紧的,眼球不停地旋转……两分钟以后,才渐渐恢复神智。

比多·甘巴和医生赶到时,他已十分镇定,但是脸色苍白,身体非常虚弱。当他能开口讲话时,他马上问医生:"这种病是否会致命?你告诉我实话吧!不要认为我怕死——我不怕!"他们把他抬到他的床上。比多·甘巴相信,拜伦的病是愤怒加上节食所引起的。

第二天,他虽然还是很虚弱,但中午时分已经能起来走动。巴里建议他吃一点比较有营养的食物,喝一些刺激性的饮料(如酒),可是布诺医生却要替他放血。拜伦不愿意血管被切开,但是同意在太阳穴上放一个取血的用具。不料,当用具取下后,血却不能止住,一直到晚上11点才停止流血,拜伦昏了过去。他后来还调侃自己像小姐一样,看了血就昏倒。

第三天,他已可以起来,但是却没有出去。他因为不能去参加消灭城内土耳其军队的工作而气愤。不过,这时候他已明白,还有许多事情能做,而且也许更有效,那就是:除了积极参与争取自由的战斗外,他还可以消极地减低残酷和报复者的暴行。

对拜伦来说,人道主义的原则总是比其他任何原则重要。因此,他要求镇上的人善待土耳其被俘虏的儿童、妇女,并且照顾她们的生活所需。

# 自由民主的战士

2月的最后一天，拜伦已经逐渐康复了。但是，从外表看来，却好像一个完全失去希望的人。有一天，有人建议他完全改变目前的生活方式，以便恢复他的体力。但拜伦却说：

"你以为我还追求长寿？我对这世界已经腻了！我希望离开这世界的时间快点到来……我只怕两件事：一是，慢慢死在病床上；二是，像瘫痪了一样整天躺在床上。而我最感失望的是我对苏利欧特人那么好，但他们却还欺骗我。"

2月21日，史丹霍上校曾出发到雅典去宣传革命运动，想利用他的报纸劝希腊人团结起来并支持他们在麦索隆基的组织。攻击利潘多的希望破灭后，拜伦也考虑要离开希腊。每当他被苏利欧特人气得扬言立刻回英国时，镇上的人和军队就一直抱怨苏利欧特人的不对。

拜伦一直担心上次发生的病况会再度袭击他，因而感到心情忧郁和情绪低落。但是，他总不肯承认自己的失败，也不愿向英国方面的朋友透露实际的情况。在这以前，他有点高兴，却也有点尴尬地从霍豪士和肯内耳那里知道，他在希腊的作为已使他成为一个英雄。不过，他在希腊的每件事情，似

※拜伦

## 风流勇士——拜伦

乎都证实他留在希腊可能是个错误的决定。

拜伦偶尔也会向周围比较亲近的人陈述他的失望。史丹霍上校后来告诉霍豪士：

> 拜伦偶尔也会为他来到希腊感到难过……不过，大部分时候，他又说他很高兴，幸好他来希腊，而且很热衷地谈到他来的目的。他说他到麦索隆基来，只一个月的努力，就比和摩尔在伦敦时，那种只是吃吃、喝喝、谈谈的无聊的时光要好得多了。

把苏利欧特人的军队解散后，拜伦仅留下五十六个人当他的保镖。天气好的时候，他会穿戴着整齐的军装，带他们到城外去操练操练。他为了提高外籍军官的士气，又编入一些希腊人到巴里那支有枪械的队伍中，但是效果却适得其反，因为外籍军与希腊军壁垒分明，互不相让。更令他失望的是利潘多的土耳其军队本来已经和拜伦谈妥，如果给他们40000英镑，那么当拜伦带兵来攻时便弃械投降，并且最近又自动降价为25000英镑，可是苏利欧特军人却连这么简单的仗，也不想去打！

2月底，乔治·芬力带来另一个希腊将领的提议——邀请拜伦和马洛克打多王子到沙龙那去参加一次讨论希腊革命军团结的大会。因为屈罗尼曾与这位将领一起工作过，拜伦很相信这位将领优利西斯的诚意。虽然马洛克打多王子对这个提议有点疑惑。不过，最后仍决定接受这项提议，和拜伦一同前往沙龙那。3月的时候，拜伦的健康状况越来越坏，但他仍旧出外骑马。他经常会感觉头晕，而且有痉挛的现象。不过，由于英国方面不断地来信，使他感到安慰，只有一封摩尔的来信使他不安。摩尔在信上说，他听人谣传拜伦在希腊，并没有追求英雄事迹和参与战役，却是在他那舒适的别墅里，专心写《唐璜》。

拜伦现在仅靠一点点的精力和神智而活着，他的脾气更坏了，连温和的马洛克打多王子也常会使他发怒，特别是因为在希腊有迈向统一的希望时，马洛克打多王子对别的将领所表现的不信任态度，使得拜伦竭力想摆脱和他的关系。除了公务外，他不再去马洛克打多王子家拜访。

在希腊墨里耳的革命军，听说拜伦有和优利西斯联合的意图，便以"全希腊总督"（除了墨里耳这块地方）这个名称来引诱拜伦归向他们。他们的企图：一、可能是事先知道英国方面支援希腊的庞大经费将归拜伦管理；二、要夺取马洛克打多王子在北希腊的势力。拜伦的回答是——先到沙龙那去开会，再决定是否接受这提议。

筹措到这笔资金，给予拜伦极大的鼓励。虽然他明白，希腊的内乱，仍然是阻止革命成功的主要因素，所以必须先除去病根。但他和芬力一样，对希腊百姓的个性比对他们的领导者要有信心多了。

他对以什么方式来组成希腊政府，也有他个人的看法。他觉得，瑞士或美国式的组织系统可能很适合，他表示："希腊境内的每个人所具有的各种不同的兴趣和不同的希望，使我觉得只要有像联邦政府那样的行政机构便能适合。"

可是，他也不愿勉强将这种政体强加在希腊上，而想让他们自己努力去达成。因为，"没有一个政府的形式，我们可以说它是十全十美的！"

连绵不断的春雨使麦索隆基的道路寸步难行，拜伦和巴里上校谈到自己未来的计划和希望。不过，这些希望很快就破灭了。那些被解散的苏利欧特人又回到镇上来了。拜伦因为马洛克打多王子的请求，又不得不每天再拿出大量英镑来供应这些苏利欧特人的需要。

3月27日，本来是他们预定去沙龙那开会的日子，但是雨仍然下着，路不能走，河道也不通航。在这时候，当地的望族呈献一份文件，要颁给拜伦"荣誉市民"的资格。这个仪式，说穿了，不过是要更多的钱罢了！此时，拜伦的失望，不是可以用言语描述的。然而，到希腊来是他自己的决定，他也早下定破釜沉舟的决心，要用尽他的精力来为希腊效力。因此，他们的要求又得逞了。

拜伦依旧把喜讯报到英国去，而隐瞒了一切坏消息。他就是不肯让朋友知道他在麦索隆基的大失败。然而，在他周围的人都知道他对事情的真相和自己的失败极为了解。

这些落在湖里的雨，以及日渐增加的不愉快事件，使得他的口袋和脑袋越来越空虚。希腊人的善

※希腊海滨风光

风流勇士——拜伦

※希腊爱琴海

变个性,外籍兵团的争吵,使他的健康状况更差。他经常惧怕旧病复发。这种种的烦恼之事,都使他的精神遭受到严重的打击,也使他失去了往日的幽默感。

4月开始了,巴里注意到拜伦的焦躁不安。最令拜伦沮丧的消息是,团结希腊革命军各派系的希望已破灭,正如同拜伦早先想统领苏利欧特人进攻利潘多的计划破灭一样。拜伦的眼眶湿润了,承认自己的看法已经错误,而放弃一切引导希腊的希望……然后,他开始担心是否应该向英国的朋友要求负责处理贷款的责任,因为,他害怕这笔款项会被他人挪用,甚至纳入别人的私囊。

幸好拜伦从写作中得到一点解脱。他对一直带在身边的男孩陆可士的爱,没有得到陆可士的回报,可能是促使他写这最后一首诗的动机。

下面是写给陆可士·夏兰的诗:

当敌人向我们攻击时,
我注视着你,
当安全已全然无望时,
就如同与心爱的人分手。
在汹涌的浪潮中,
我注视着你,
当岩石迎接我们的船首,

请你倚靠我渡过每次的风浪。
当高热使你的眼光呆滞时，
请躺卧在我的卧榻上；
看累了世界时，不要再起身，
把这里当作你的安眠之地。
地震来了，墙壁摇晃；
人与大地如酒醉一般，
在摇摇欲坠的厅堂里我寻找谁？
你！为了庇护你的安全。
当创痛几乎要扼杀我的气息，
使神智失去控制时，
向着你，向着你！
即使在死之边缘，
我的灵魂也向着你！
这一切的一切，
你仍不能动心！
而且永不动心！
我也不能怪你，
只能认命又——
强烈地、错误地、无望地爱你。

在这些人所不能忍受的压力下，他又听到土耳其军在附近驻扎的谣言。接着，军中又因争执而引起一场不小的内乱。拜伦的精力已干枯，如同沙漏已流光一样。在他周围的人也注意到他最后几个星期的不稳定状况。

4月9日，星期五，英国来的信给了他不少安慰。他的姐姐奥古斯塔给他的信为他带来快乐，也带来忧愁。看完信，他眼眶红润地从房间里抱着一张女儿的画像走了出来。幸而，霍豪士的信，给了他极大的安慰和鼓励：

你所做的事情，远超过任何人的成就——英国的每个人都非常高兴和满意——至于我，我相信你所做的一切牺牲，必会对日后希腊的革命成功有极大的贡献——这是做一件生命中最有意义的事——我相信这会使你的名声远超过这个时代的任何人！

但是，根据比多·甘巴的描述，在接信后的第八天，拜伦的健康又变坏了，但他却仍然尝试着在雨中骑马。

有一天，比多·甘巴和拜伦一起出去时，正逢一阵大雨。回来后的两个钟头，拜伦一直在发抖，而

※希腊王国宫殿遗址

且抱怨发高烧和关节疼痛。晚上8点，比多·甘巴再去他房间，看他躺在沙发上，甘巴感到非常不安、发愁。他对比多·甘巴说："我受了太多的苦，我不怕死。但是这些痛苦我实在不能忍受！"

第二天，拜伦又去骑马了，而且比平常更早。但是，那天晚上，当乔治·芬力准备动身去雅典而和众人同来看他时，他们发现他躺在沙发上已不能动弹。他好久不说一句话，然后对众人说："我今天骑马时，一直在想一件事，那就是——小的时候，苏格兰的一位著名命相家告诉我：要我小心三十七岁这一关。"

他说这话的时候，十分激动。众人都知道，这种预言大概对他影响很大。于是他们对他说："那不过是迷信而已！"可是他却说："说真的，我在这世界上觉得很不容易分辨，到底要相信谁，还是不相信谁。"

因为上次放血的失败，拜伦整晚忍着疼痛不愿找医生来看病。第二天布诺医生再度建议放血，又遭到拜伦拒绝。于是布诺医生只好给他一些止痛药。

4月11日，即拜伦躺在病床上的第二天，巴里上校来看他。因看他病势严重，拒绝带他上船到别处去。

14日中午，拜伦起床，仍旧十分虚弱，却坚持要去骑马。最后，他终于被说服，又躺回床上，没有再起来。他被谢绝会客，只有布诺医生和米力根医生、比多·甘巴、仆人提多及费利契以及巴里上校可以探视。有时医生会以拜伦睡着了不准进去吵他为借口阻止巴里看望他。巴里知道，这和他曾经劝拜伦不要放血有关。

两位医生极力劝拜伦放血，甚至哭泣着苦苦哀求，但仍无法劝服他。巴里发觉，拜伦的屋子里一片慌乱，忠心的仆人费利契也似瞎猫般乱了方寸，不知如何是好。巴里对拜伦的处境十分同情，而他也是拜伦在此时此刻唯一能信任又能给予安慰的人。拜伦要巴里在他旁边坐下，又和巴里谈到他的家庭和他到希腊来的目的。大概只有跟巴里在一起时，拜伦才提到他一直避免谈的话题——宗教。米力根医生听到他小声地对巴里说："我能否要求上帝的赦罪？"然后停了好一会儿，他又说："唉，算了，算了！我必须坚强到底，到最后一分钟也要完全靠自己！"

两位医生一再地劝拜伦放血，都遭到拒绝。最后他们威胁他——如果不放血，疾病将使他的脑部烧坏而失去理智。此时他才愤怒地伸出他的手臂，瞪大眼睛对着他们说:"来吧!我看你们两个不过是屠夫而已。拿了你们要的血,然后滚吧!"于是他们为他抽了一磅的血,可是发现病情毫无转机。

两个小时以后,他们又为他抽了一磅。这次血更稀了,拜伦沉沉睡去,不是病况已经好转,而是因为没有精力了。

16日,当巴里来看拜伦时,他已神志不清地胡言乱语。一会儿说意大利语,一会儿说英语。巴里请求医生们不要再放血了,他们答应了。但是巴里一走,没有人替拜伦说话,仆人也只相信医生的诊断,于是,医生们又为拜伦放血。

很奇怪的是,拜伦居然能熬过每次的折磨,医生们又连续替他放了数次血。17日,医生们觉得需要考虑治疗的方法,于是请来两位名医。其中一位曾是巴夏的御医,因为他们答应保密,拜伦才准他们来看病。他们看了拜伦的病情后,正在那里商议的时候,拜伦却已进入休克状态了。他们给他一些药、水和酒止痛,又用药膏擦在他的大腿内侧。

18日清晨,当巴里再来看他时,他的病况已十分严重。那天正好是希腊人的复活节,照例希腊人要射击庆祝。巴里说马洛克打多王子要他把军队的游行行列带到镇外去,以吸引镇民跟随着到镇外面去庆祝。镇上的看守人也逐户通知民众,说他们的恩人病况严重,要他们保持安静。

因此拜伦终于在生命中的最后一小时里,享受到片刻的安静。

布诺医生见大家没有主张,又从拜伦身上取了两磅血。这时病人似乎安静了许久。比多·甘巴拿出一些信来读,拜伦坚持要自己过目。其中一封信使他非常高兴,那是通知马洛克打多王子,英国方面的贷款已拨出,并且委任拜伦全权负责。拜伦知道,他的名字和已有的名声是促成此事成功的主要因素。

此后,拜伦又昏迷不醒了。过了一段时间,或许是听到仆人的哭泣声,拜伦从昏迷中醒过来。他觉察到已是中午时分,而且他的病已经无药可救了。他对米力根医生说:

"你想挽回我性命的努力是徒劳无用了。我是死定了!我自己也知道,但我并不后悔。因为,为了

※雅典卫城

## 风流勇士——拜伦

要结束我枯燥无味的人生，我才来希腊。我的财富，我的能力，一切为了希腊。现在我已捐出我的生命了。我只请求你替我做一件事：不要让我的尸体被晒干或运回英国。让我的骨头在这里发霉，把我的尸体放在没有夸张和没有无稽之谈的地方吧！"

米力根医生和费利契、提多等围绕在拜伦的病床旁边。米力根和费利契忍不住哭了起来，就自动退出房去。而提多因为拜伦的手紧握住他，无法动弹，但是，他也不忍心看拜伦的脸。

拜伦又失去神志，胡乱地叫喊了一阵。

当巴里再来看拜伦时，一切都显得纷乱无章。他要拜伦吃一点医生配的药，但他发觉病人的手已冰冷，于是和提多把它弄暖，又把拜伦头上包扎的绷带解开来，拜伦痛得大叫。可是，绷带取下后，他却如释重负，眼睛充满了泪水。

巴里对他说："眼泪尽量流吧！我感谢上帝，你已经好多了。你睡吧，休息吧！"拜伦也回答说："是的，我已不再疼痛，我要睡一会儿。"然后他握住巴里的手，跟他道声晚安，就睡了。巴里以为拜伦已死了，不会再醒过来了。

但是，不一会儿，拜伦又醒过来了。就这样，有时清醒，有时昏迷地向周围的人说话。

比多·甘巴听到他说："可怜的希腊！可怜的镇！我可怜的仆人！"还有："为什么我不早点知道这情形？""我的时候到了——我不怕死——为什么我不先回英国一趟再来？"

另外他又说："世界上有些人值得我为他们活下去，至于其他，我宁愿死去！"

拜伦知道医生已经束手无策，却不为此生气，或许他看到了费利契的眼泪，因而十分难过地对他说："我很抱歉没有在遗嘱里为你做什么，但是霍豪士是我的朋友，他一定能照顾你！"他也立刻想到提多和陆可士，并且要给他们遗产。但是，费利契要他先关心重要的事情。

他梦呓般地对费利契说他最后的遗言——

"啊！我可怜而可爱的女儿！我的上帝！我真希望能再见她一面！请给她我的祝福。也给我的姐姐和她的小孩祝福，——请你也去找拜伦夫人，——告诉她一切——你一直是她的朋友。"

他的声音越来越微弱了，有

的时候，几乎不知道在说什么。但是，他有时又用尽力气对费利契说："费利契！如果你不执行我交代你的一切，如果可能，我会从阴间回来找你！"

从这时候开始，他说话已经不清楚了。他企图要再交代费利契一些话，可是，费利契一句也听不懂。

晚上6点左右，他离开他的床，然后又回去躺下来说："这些可恶的医生，把我的血吸干，使我站都站不稳！"而他却不知道，这是他最后一次离开他自己的床了！

最后，费利契听到他说："我现在要睡了！"然后他转过身，闭上眼睛。

这个时候，英国又寄来了霍豪士和肯内耳的信，霍豪士写道——

> 你筹款的事，肯内耳以后会告诉你，进行得十分顺利。你将会有——真的，不骗你！——一大笔财富。如果你还健康，我想你在这世界上想要的都有了！你目前的努力是人类历史上空前绝后的，好多人都羡慕你……

然而，拜伦不再需要别人的羡慕了。在后来的二十四小时内，他一动也不动，提多和费利契一直守候在床边。

1824年4月19日，拜伦去世。

希腊的独立政府宣布拜伦之死为国葬，全国哀悼三天。

举行殡礼时，希腊士兵列队肃立街头，一队牧师跟着灵柩高唱赞歌。灵柩上置宝剑一柄，盔甲一套，桂冠一顶。诗人生前的坐骑也跟在其后。

6月29日，灵柩运抵伦敦。英国政府和教会拒绝把拜伦的遗骨安葬于威斯敏斯特教堂（英国知名人士国葬地点）。7月12日，举行葬礼。16日，安葬于纽斯德附近的赫克诺尔。墓碑上的铭文是按照拜伦异母姐姐奥古斯塔的意见起草的，铭文说："他在1824年4月19日死于希腊西部的麦索隆基，当时他正在英勇奋斗，企图为希腊夺回她往日的自由和光荣。"

《唐璜》第15—16章和诗剧《天与地》均于是年出版。

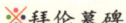
※拜伦墓碑